L'uso cosciente delle energie

Rinaldo Lampis

L'uso cosciente delle energie

Copertina di Slava Petrov Gladky

Edizioni AMRITA

PRESSO LE EDIZIONI AMRTIA:

nella collana ENERGIE:

nella serie «Energie dell'anima»:

- CACCIA ALL'ANIMA. Alla ricerca dei frammenti perduti, di Giancarlo Tarozzi
- I NUMERI PER VINCERE... LA VITA!, di Giancarlo Tarozzi
- I MIEI VIAGGI NEL TEMPO, di Patrick Drouot
- GUARIGIONE SPIRITUALE E IMMORTALITÀ, di Patrick Drouot
- I GUERRIERI DEL CUORE: l'arte di risolvere i conflitti, di Danaan Parry
- E.S.P.: i tuoi eccezionali poteri spirituali, di Goswami Kriyananda
- "VIVATION": L'ABILITÀ DI ESSERE FELICI, di Jim Leonard
- SEI LIBERO: PERCHÉ NON TE NE ACCORGI?, di David Icke
- MEDICI DEL CIELO, MEDICI DELLA TERRA, di Maguy Lebrun
- DELFINI GUARITORI, di Horace Dobbs
- VISUALIZZAZIONE TERAPEUTICA: BELLI IN SETTE GIORNI VISUALIZZANDO LA LUCE, di John Pepper
- GIOIA È GUARIGIONE, di Torkom Saraydarian
- IL TUO AMICO ANIMALE È SENSITIVO? di R. Webster

nella serie «Energie del corpo»:

- LO YOGA DELL'ENERGIA SESSUALE, di Elisabeth Haich
- MUDRA: I GESTI DELL'ENERGIA, di Philippe Vincent
- L'ENERGIA DELLE POSTURE. Manuale d'accesso all'Altra Realtà, di Belinda Gore
- LA SCIENZA SPIRITUALE DEL KRIYA YOGA, di Goswami Kriyananda
- REIKI: energia e guarigione, di Giancarlo Tarozzi
- IL REIKI DELLE ORIGINI: il sistema di guarigione di Usui, di Gianna Cristofanilli e Giancarlo Tarozzi
- REIKI: GLI INSEGNAMENTI ORIGINALI DI TAKATA, trascritti da Fran Brown
- IL BAMBINO DEI TUOI SOGNI, di Laura Archera Huxley e Piero Ferrucci
- LA VERA FORZA DELLE ARTI MARZIALI, di Michel Coquet

nella serie «Energie in favore del pianeta»:

- I CUSTODI DELLA TERRA: DA DOVE COMINCIARE, di L. Baer Brown e B. Rhein

nella serie «Energie cosmiche»:

- L'ENERGIA NASCOSTA DELLA TERRA, di Serge Kahili King
- CRISTALLI, SEMI DI LUCE, di Wabun Wind e Anderson Reed
- CASA TRA TERRA E CIELO: abitare secondo le energie cosmiche, di J.C. Fabre
- FENG-SHUI: la casa in armonia col cosmo, di Yannick David
- VASTU, FENG-SHUI, BIOARCHITETTURA. Case ad energia positiva, di P.F. Ros
- IL FENG-SHUI IN GIARDINO, di Philippa Waring
- IL DIZIONARIO DEL FENG-SHUI, di Chu-Tung Shi e Chris Evans

Riceverete gratuitamente il nostro catalogo ed
i successivi aggiornamenti richiedendolo a:
Edizioni AMRITA - Casella postale 1 - 10094 Giaveno (To)
telefono (011) 9363018 - fax (011) 9363114
e-mail: ciao@amrita-edizioni.com
Oppure visitando il nostro sito web:
http://www.amrita-edizioni.com

In copertina: "Visione-battaglia della luce e dell'ombra" di Slava Petrov Gladky.

A tutti quei Grandi Esploratori
che stanno tracciando sentieri nelle proprie selve

RINGRAZIAMENTI

Questo libro è il risultato di tanti insegnamenti che hanno formato la mia mente e continuano a guidarmi attraverso la densità dell'energia. Voglio ringraziare Alice Bailey, Paramahansa Yogananda, i Maestri Oshima ed Uyeshiba, Carlos Castaneda e Sathia Sai per avermi aperto la porta ed avermi fatto intravvedere i diversi aspetti della stessa sostanza, iniziandomi anche al piacere del viaggio di ritorno: se sono stato capace di organizzare questo libro sull'Energia è perché sono riuscito a salire sulle spalle di giganti che, prima di me, hanno guardato più in là.

Voglio anche ringraziare i numerosi autori che, con le loro opere, hanno contribuito alla mia conoscenza, ed i cui lavori sono elencati nella bibliografia.

Un grazie di cuore a Carol, Sasha, Diana, Michella e Jan per avermi dato il loro sostegno e aver condiviso le mie esperienze negli anni della gestazione; e tanta gratitudine a Tony Mameli, Ines, Eliana, Dominga, Maja, Olga, Paolo, Mariella, Anny, Gianna e a tutte quelle persone che mi hanno dato fiducia con i loro più profondi sentimenti.

Un sentito ringraziamento a Fiorenza e Silvana per i commenti editoriali nella stesura finale ed a Maddalena Angelastri che ha contribuito con preziosi suggerimenti.

Sono profondamente grato a Lucia Sorti per il suo inestimabile aiuto nel guidare l'intero processo di stesura del libro.

Ed infine voglio esprimere un grande apprezzamento per tutti gli amici dei Seminari che, con il loro desiderio di conoscere e scoprire se stessi, hanno contribuito grandemente al contenuto ed al respiro del libro. Grazie.

INTRODUZIONE

Svegliati, il Pianeta ha bisogno di te

Fermiamoci per alcuni istanti a guardare e a pensare alle grandi conquiste dell'uomo, alle automobili che ci rendono liberi di muoverci da un luogo all'altro, agli elettrodomestici che ci alleviano il lavoro nella casa, alle vacanze che ci permettono di riposare e che ci fanno vedere, arricchendo la nostra conoscenza, nuovi paesi e diverse abitudini di vita, alla democrazia che protegge i nostri diritti come individui. Abbiamo raggiunto tanti obiettivi materiali ed intellettuali, che dovrebbero renderci appagati e felici: eppure non lo siamo.

Abbiamo percorso molta strada dalle caverne umide e buie dei nostri avi, dove tutto era paura, incertezza e pura sopravvivenza, al nostro condominio comodo e luminoso. E non ci sentiamo soddisfatti.

Vi è stato un grande cambiamento materiale da quei tempi lontani ad oggi eppure, a pensarci bene, attraverso tutte quelle migliaia d'anni il nostro modo di pensare, di comportarci verso noi stessi e gli altri, di reagire alle varie situazioni della vita è rimasto lo stesso: con la nostra mente siamo ancora all'età delle caverne, ci vestiamo ancora di pelli. Naturalmente in superficie ci sentiamo piuttosto civilizzati: una musica o un fiore ci possono commuovere e sappiamo che uccidere non è giusto, ma per quanto riguarda i nostri comportamenti ed istinti siamo ancora molto simili ai nostri antenati. Crediamo ancora come loro che la “colpa” del nostro stato d’animo dipenda da ciò che accade nel mondo, che i nostri pensieri siano l’effetto di quello che avviene intorno a noi. Ma questo è vedere la realtà sottosopra, perché per essere precisi è il nostro modo di pensare che determina il modo in cui vediamo il mondo.

Il presente modo di pensare scomparirà come sono scomparsi i dinosauri, perché è incompatibile con la nuova vibrazione del pianeta, perché non corrisponde a come funzionano le cose: i nostri pensieri non sono causati da quanto ci accade (come quando entriamo in collera se qualcuno ci dice qualcosa che non ci piace), ma quanto ci accade è causato dai nostri pensieri. Una grande rivoluzione mentale sta avvenendo sul pianeta, paragonabile al ribaltamento della visione che metteva la Terra al centro dell’universo: nel futuro non solo vestiremo diversamente, le nostre case e le nostre macchine saranno diverse, ma anche la nostra mente, il nostro modo di pensare saranno diversi. Vederci nel futuro con una mente uguale all’attuale sarebbe come vedere un film di fantascienza i cui protagonisti usano aerei ad elica: non sarebbe molto credibile.

Il non aver riflettuto su come realmente funziona la vita, il non avere ancora accettato che noi creiamo con i nostri pensieri il tipo di vita che abbiamo, la sua qualità, è quanto causa in molti di noi l’infelicità, l’insoddisfazione che ancora ci pervade. Il vero successo nella vita non è misurato sul benessere materiale, ma su ciò che si raggiunge in se stessi, il benessere mentale, l’essere soddisfatti della vita. Dall’armonia che la persona ha con se stessa, da quanto è capace di “piacersi”, ci accorgiamo se il benessere mentale è stato conseguito: solo dopo può sopravvenire con piena soddisfazione il benessere materiale.

Vi sono sempre state persone, e sono sempre più numerose, che riescono a conseguire e mantenere la loro armonia personale continuando a fare quello che stanno facendo nella "giungla" della vita: in famiglia, al lavoro, nell'agire quotidiano. Quello che queste persone hanno in comune è che vivono, agiscono nella vita, secondo certe leggi naturali, le leggi dell'energia, che governano tutto l'universo, dai sassi, agli uomini, alle stelle; tutti noi possiamo condurre la nostra vita seguendo il fluire dell'energia, cambiando il nostro modo di pensare, e quindi di vivere, dal modo innaturale del presente ad uno secondo natura.

Questo libro vuole spiegare che cos'è l'energia, l'essenza che pervade tutto, di cui sono composte tutte le cose, dai nostri pensieri alle galassie, e come questa interagisce con noi. Parla dell'energia che compone di sé il visibile, come la natura che vediamo attorno a noi, ma soprattutto l'invisibile, come le energie della Terra che influenzano il nostro corpo o l'energia del pensiero che crea un'opera concreta. Certi libri trattano della natura, delle sue energie e delle sue forze, altri dell'uomo e del suo comportamento: questo tratta dell'energia dell'uomo e della natura, e delle loro interrelazioni; mostra il collegamento che vi è tra le diverse discipline della conoscenza umana, evidenziando l'agile e fermo ponte tra la cultura umanistica e quella scientifica, suggerendo anche che vi è una sola radice, una sola fonte dalla quale tutto emana e si crea, mostrando che c'è unità in quello che i nostri sensi e la nostra mente ci fanno vedere come diverso e separato. Vedere e studiare il comportamento dell'energia rende possibile accomunare leggi naturali che ora sono classificate dall'uomo come separate, quali la gravità, il magnetismo, il comportamento umano, la legge del karma o il destino.

Questo non è un trattato ma un manuale pratico, con molte semplici tecniche sull'uso dell'energia interna ed esterna a noi, perché, se abbiamo un problema che ci disturba, la teoria non ci interessa: vogliamo solamente fare qualcosa per capire il problema e risolverlo al più presto. È un libro sull'energia della vita nelle sue svariate forme, che ci aiuta a vedere, sentire, capire e quindi rilasciare i blocchi mentali e fisici che limitano la nostra potenza personale, agevolando l'uso corretto dell'energia per un'interazione più armoniosa con gli altri e con il mondo. Oltre che per ottenere armonia nelle relazioni interpersonali, questo libro è particolarmente utile nell'insegnamento per formare la "nuova mente", nell'arte manageriale per raggiungere risultati senza stress, in medicina per curare all'origine gli squilibri energetici.

Sono necessari alcuni chiarimenti per meglio comprenderne il contenuto. Nel testo si è distinta la mente umana in conscia ed inconscia, significando che nel conscio sta tutto quello che si sa di sapere, mentre non si è consapevoli di ciò che è depositato nel subconscio e nell'inconscio. Quando si parla di "essere" si intende l'essenza della persona, il "colore" della personalità dell'individuo al di fuori del suo modo di pensare e del suo ruolo nella vita (maschio, femmina, compagno, compagna, manager, impiegato, eccetera).

È un lavoro impegnativo e divertente quello che ci attende, in quanto questo libro ci propone concetti e punti di vista che potranno sembrare "strani" e "diversi" a molti di noi: per questa ragione, e per un più efficace risultato, è quindi consigliabile leggerlo due volte.

Essere capaci di vedere la materia, tutto il creato, in termini di energia ci fa capire quanto sia stata veloce la nostra evoluzione, se si considera che appena poco più di cento anni fa il Papa di allora aveva pubblicamente condannato le strade ferrate e le locomotive come creature del "Diavolo", e le meteore erano state definite "frutto dell'immaginazione" dagli Accademici di Francia. Stiamo velocemente evolvendo la nostra conoscenza dal grossolano al fine, dal visibile all'invisibile, dalla materia all'energia: l'evoluzione è un tipo di energia che scorre come scorre ogni sua manifestazione.

Quello che dobbiamo accettare per proseguire nella nostra evoluzione è che l'energia non è un'opinione; non ha bisogno della nostra approvazione per agire, per scorrere: lo fa anche se noi non ci crediamo.

Ma se accettiamo questo scorrere e queste leggi possiamo cambiare coscientemente la nostra vita, influenzandone la qualità, l'essenza stessa, ritornando quindi alle origini e riaprendo la nostra mente al modo naturale di vivere, di essere, in un certo senso liberandola dalle colpe del "peccato originale". Possiamo così accettare l'idea di essere totalmente responsabili della qualità della nostra vita, imparando i modi per migliorare questa qualità e partecipando quindi consciamente alla creazione della Nuova Era in cui sta entrando l'umanità.

Leggere questo libro è come fare un viaggio dentro noi stessi. Per molti può essere un viaggio molto in profondità ma, per quanto sia folta ed impraticabile la nostra giungla mentale, è sempre qui, nel presente che arriviamo, perché il voler cambiare, l'aprirci alla nostra potenza sta nelle scelte che facciamo in ogni momento della nostra vita, perché la nostra forza e nel "qui". Adesso.

Buon viaggio.

Rinaldo Lampis
Lugano, dicembre 1992

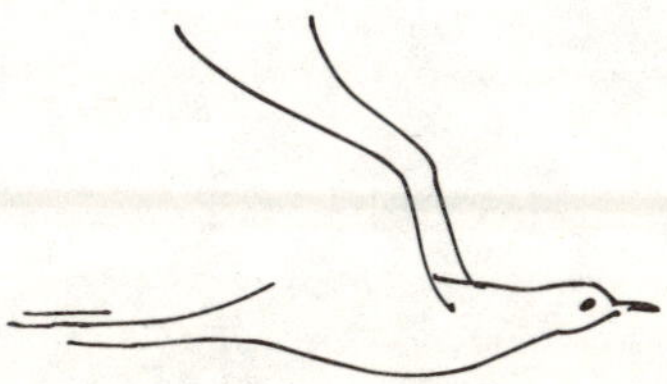

LE BASI

Le coincidenze sono come le isole:
se togli l'acqua ti accorgi
che sono tutte collegate.

Ci sono stati molti momenti e molte ere magiche nella storia della Terra e dell'Uomo.

Quella che stiamo vivendo ora è un'epoca più speciale e più magica delle altre, perché stiamo scoprendo che è il nostro modo di pensare che ci fa vedere il mondo nel modo in cui lo vediamo. Inoltre, fatto ancora più sorprendente, è il nostro modo di pensare che "ha creato", attraverso le azioni, le nostre situazioni di vita passate e crea quelle in cui siamo ora coinvolti.

Infatti, la più grande scoperta dell'epoca non è quella (pur grandissima) della relatività o dell'elettricità, ma è il fatto che l'uomo, cambiando i propri pensieri, può cambiare le proprie situazioni di vita.

Un'affermazione assurda per molti di noi, quest'ultima, abituati come siamo a pensare che la vita ci condiziona e ci travolge, che vi sono i fortunati e gli sfortunati; ma se fosse vero? Che cosa succederebbe alla nostra vita se ci convincessimo che ciò che vediamo è determinato dai pensieri della nostra mente? Saremmo pronti ad assumerci la responsabilità della qualità della nostra vita?

Per molti di noi questo punto di vista non sarebbe una facile scelta: eppure la nostra evoluzione personale prima o poi ci indurrà a ritenerlo l'unico possibile. Vedremo perché.

L'evoluzione

Rivolgendo uno sguardo al passato notiamo che nell'ottocento si pensava che l'uomo fosse ad un passo dallo scoprire le origini, le ragioni ed il funzionamento della Creazione; allora la visione del mondo era quella di un bellissimo orologio divino che Dio aveva caricato un pomeriggio di non tanto tempo prima.

Ora quell'orologio non esiste più, travolto, frantumato ed assorbito da campi, fiumi, vortici di energia, un'energia in una moltitudine di forme e consistenze che si interpenetrano, scorrono e vibrano a formare materia, pensiero, colore, elettricità, fiori, emozioni, tutto.

Un nuovo universo, un nuovo modo di pensare si sta aprendo davanti a noi, paragonabile per importanza ed impatto alla scoperta che il sole non ruota intorno alla Terra e che la Terra stessa non è piatta.

I concetti, le leggi e le applicazioni dell'energia sono strabilianti e perciò controverse, ma non più controverse del cambiare il nostro modo di "vedere" la Terra da piatta a tonda.

Dopotutto, dicevano gli scienziati di allora, uno non deve essere uno scienziato per capire che se la Terra fosse tonda l'acqua degli oceani scorrerebbe via e scomparirebbe; siccome invece c'è ancora, vuol senz'altro dire che la Terra è piatta...

Poco più di cento anni fa l'elettricità e il magnetismo erano considerati elementi magici della natura, e molta superstizione era associata ad essi: ora che conosciamo le loro leggi ed abbiamo imparato ad usarli non potremmo più farne a meno.

Addentrarsi in un nuovo universo richiede occhi nuovi, pensieri nuovi, e qui sta la difficoltà principale, nell'essere capaci di "vedere" cose nuove: ed è sempre stato così.

Nel diario di bordo del viaggio che l'avrebbe condotto alla punta estrema dell'Africa, Magellano descrive con stupore un episodio significativo di questa difficoltà nei confronti del "nuovo".

Arrivato ad un villaggio di pescatori, a metà del suo percorso, conversando con i locali attraverso un interprete, scoprì che, non possedendo il concetto di vela, gli indigeni non erano letteralmente in grado di vedere le vele delle sue imbarcazioni, anche dopo che queste erano state loro indicate.

Possiamo anche immaginare quale difficoltà incontreremmo se dovessimo spiegare ad un antico romano, per esempio, il funzionamento di un motore o del telefono: la sua mente non conterrebbe il bagaglio di parole, immagini e idee necessarie ad assimilare la spiegazione, e dovrebbe ricorrere, per farlo, a concetti soprannaturali o irrazionali.

È un fatto che finora è stato scoperto ben poco di importante sul nostro universo. L'osservazione di noi stessi e del mondo circostante si sta spostando da elementi grossolani, la materialità di un sasso per esempio, verso elementi più fini, per esempio le onde elettromagnetiche.

In questo processo emerge la legge della gradualità della manifestazione al nostro conscio delle "cose" che ci circondano. Esse ci permettono di notarle solamente quando siamo pronti ad usarle: chissà, allora, quanti tesori, quante verità ci stanno guardando dritto negli occhi, mentre noi, anche in questo momento, continuiamo a sorridere scioccamente senza vederle.

Per vedere più in là dobbiamo aprirci all'universo intorno a noi, dischiudere i nostri canali ricettivi: dobbiamo riacquisire il senso di meraviglia che provavamo da bambini, la meraviglia nel notare che avevamo il controllo delle nostre mani nell'afferrare qualcosa, o nel vedere l'onda del mare bagnarci i piedi.

I miracoli

A volte notiamo nella vita di certe persone dei fatti, degli avvenimenti strani, non usuali, che non dovrebbero essere possibili secondo la nostra visione logica, e che pure accadono: questi eventi possono essere stimolati in certe persone dalla loro religiosità, come la levitazione del corpo di Santa Teresa d'Avila durante la preghiera, la riproduzione delle stigmate di Cristo sulle mani di Padre Pio il primo venerdì del mese, il nutrirsi esclusivamente dell'ostia consacrata, durante la comunione giornaliera, della tedesca Teresa Neumann.

Altri episodi, anch'essi numerosi, hanno invece cause non religiose: scomparsa in poche ore di noduli tumorali evidenti in certi pazienti (chiamata "remissione spontanea"), camminare sul fuoco per parecchi metri senza nessuna scottatura (fatto inspiegabile per le leggi della termodinamica) o assumere da parte di certe persone, come i fachiri, uno stato catatonico che permette di non respirare anche per parecchi giorni.

Vi è un aspetto comune a tutti questi fatti: la capacità, da parte di certe persone, di porsi in un atteggiamento mentale, conscio o inconscio, che crea ciò che accade; eventi di questo tipo sono così fuori dalle nostre esperienze giornaliere che li chiamiamo miracoli.

In realtà il miracolo è una manifestazione fisica dell'uso dell'energia da parte della nostra mente, uso che stiamo cominciando a comprendere, come per i miracoli dell'elettricità duecento anni fa: per capire come tutto sia relativo pensiamo a quanti fatti, "normali" ai nostri occhi, apparirebbero miracoli agli occhi di popoli primitivi, come i Boscimani per esempio.

L'età dell'oro

Ci può sorgere spontanea la domanda: "Se questi avvenimenti sono stati causati da stati mentali, da modi di essere, di pensare, fino a quale livello è possibile arrivare, dov'è il limite?" La risposta è molto semplice: fin dove può arrivare la mente, il limite è il limite del proprio modo di pensare. Come penso così sono, il tipo di universo mentale in cui sono è il mio modo di pensare. La mia vita è il film che io, regista e sceneggiatore, creo e conduco.

Il fatto è che nessuno ci ha mai insegnato ad usare la mente: ci hanno insegnato ad usare la penna, l'automobile, le posate, ma non la mente; non ci hanno mandato a scuola per questo. Possiamo forse ricordare come, da piccolissimi, dopo avere scoperto che le mani ci appartenevano, ci siamo dati dei grandi schiaffi nella foga di imparare ad usarle.

Ora, da grandi, sappiamo usare le mani abbastanza bene cosicché non ci schiaffeggiamo più; anche le gambe abbiamo imparato ad usare, sicché non ci portano dove vogliono loro, ma dove vogliamo noi. Ora dobbiamo imparare ad usare la mente oltre che il fisico; dobbiamo smetterla di schiaffeggiarci con i nostri pensieri e le nostre emozioni: anche questo si può imparare. Nel futuro vi saranno scuole della mente anche in età prescolare.

Vi è un cambiamento che sta avvenendo in tutti noi: da uomo antico a uomo moderno, consapevole, potente. Siamo all'inizio di una nuova era rinascimentale, una nuova "età dell'oro" per l'umanità, un'era in cui l'Uomo non sballottato dagli eventi della vita, non in balia delle onde, sa con certezza di aver creato egli stesso quelle onde; di conseguenza scopre di poter influenzare e cambiare coscientemente la qualità, l'essenza stessa della sua vita.

L'uomo è ciò che pensa ed i suoi pensieri determinano

il suo destino. Vediamo come.

L'ENERGIA

Il vento abita sul lago e fa fremere
la superficie dell'acqua.
In questo modo sono manifestati
effetti visibili dell'invisibile.
I Ching

L'energia è una forza, un'essenza che tiene insieme tutto l'universo.

L'energia è ciò che anima la vita e collega tutte le cose dell'universo: l'universo è solo energia. Sono i nostri sensi che ci fanno percepire le cose come solide e separate. Addentrandoci anche nella materia più solida, scorgeremmo, arrivati a livello d'atomo, il nucleo che, come un piccolo sole, è circondato da pianeti: gli elettroni e, tra l'uno e gli altri, un profondissimo vuoto che li separa. Eppure, se avessimo un piccolissimo dito e con questo volessimo penetrare questo spazio, non ci riusciremmo: il dito sarebbe respinto dall'energia fortissima che tiene insieme le parti dell'atomo.

Rivolgendo la nostra attenzione al nucleo e all'elettrone, noteremmo che la loro parvenza di densità materiale è scomparsa e che, in realtà, sono solo impalpabile energia. Perciò quello che vediamo come universo fisico non è materia, ma un tipo di forza che chiamiamo energia: tutto ciò che è dentro ed intorno a noi, noi stessi e tutte le cose, è la manifestazione di un grande campo di energia perché tutto è un insieme energetico.

Le leggi dell'energia

Tutti noi siamo d'accordo che un sasso che cade è guidato dalla legge della gravità: vi sono altre leggi, che stiamo scoprendo, che guidano il nostro corpo, la nostra mente, il nostro essere ad agire in una certa maniera.

L'indigeno della Papuasia può non conoscere il concetto di gravità, eppure è guidato dalle sue leggi; allo stesso modo noi siamo guidati dall'energia, che ne siamo consapevoli o meno; non è neanche necessario credere che l'energia scorra: scorre anche senza il nostro consenso.

La prima legge dell'energia dice che tutto vibra, tutto è vibrazione; vibrando a diverse velocità, l'energia si mostra ai nostri sensi con qualità differenti. A seconda del suo livello di vibrazione noi la percepiamo, attraverso i vari organi del nostro corpo, come sasso, come fiore, come profumo, come colore, come pensiero.

Di queste vibrazioni i nostri sensi percepiscono una piccolissima parte, meno di un miliardesimo; le percepiamo come onde del mare, cambiamenti di umore, frusciare del vento tra gli alberi, suono della nostra voce, forme della sabbia sott'acqua, raggrupparsi e diradarsi di automobili che viaggiano su un'autostrada, luce delle stelle.

Tutto vibra e vibrare vuol dire cambiamento, alto e basso, positivo e negativo, ciclicità; vibrare vuol dire mutare, che si tratti delle stagioni oppure di un cambiamento della nostra vita.

Questo ci conduce alla seconda legge dell'energia che dice che l'energia deve scorrere e per scorrere deve essere in uno stato di leggero squilibrio; la legge vale per l'acqua quanto per lo scorrere della nostra vita. È il cambiamento che rende le situazioni interessanti, che offre opportunità di esperienza e conoscenza.

Possiamo immaginare la noia di vivere nel paradiso

terrestre: il primo giorno ci svegliamo e notiamo un bellissimo sole giallo in un cielo blu, sentiamo gli uccellini cantare sugli alberi e ci sentiamo bene; il secondo giorno ci svegliamo e notiamo un bellissimo sole giallo in un cielo blu, sentiamo gli uccellini cantare sugli alberi e ci sentiamo bene; il terzo giorno ci svegliamo e notiamo un bellissimo sole giallo in un cielo blu, sentiamo gli uccellini cantare sugli alberi e ci sentiamo bene... il centesimo giorno restiamo a letto sognando tempeste, uragani e inondazioni varie...

È il cambiamento che rende la vita interessante, anzi il cambiamento è necessario alla vita: l'energia in leggero stato di squilibrio causa il cambiamento delle stagioni, l'arrugginirsi degli oggetti, il decadimento e quindi il rinnovamento. Il ciclo continua.

Abbiamo detto che sono i nostri sensi che, a seconda della vibrazione veloce o lenta, percepiscono l'energia più sottile o più densa: sottile come un pensiero leggero, veloce, molto facile da cambiare e manipolare o densa come la materia solida, lenta, molto più difficile da mutare.

All'interno dell'energia-materia vi sono moltissime differenze: per esempio il tessuto vivente è più facile da alterare ed è più influenzato da energie esterne (è il caso di una scottatura sulla pelle) di un sasso; l'energia-acqua, così fluida ed accomodante, scioglie ed incorpora in sé tutta la materia.

Tutte le idee dell'uomo e le azioni che compie sono ed usano energia. La quantità di energia usata o richiesta per la realizzazione dell'idea dipende dalla sua grandezza: ci vuole molta più energia creativa per realizzare un grande dipinto che per pitturare una parete, molta più energia materiale per costruire un grattacielo che una casetta, molta più energia emotiva per superare una tragedia personale che per accettare un raffreddore.

Ogni forma di energia emana uno schema energetico che interagisce con le altre forme di energia, perciò tutte le forme di energia sono in rapporto e si influenzano tra loro: ciò che noi percepiamo come distinto e separato è in realtà manifestazione in forme diverse della stessa energia comune a tutto; letteralmente tutto è una grande unità, un'unica grande vibrazione di energia.

Ogni singola forma di energia (essere o cosa) quando è in gruppo esercita un'influenza maggiore di quello che fa come singola entità: il contributo del gruppo è più grande della somma dei contributi delle singole parti.

A livello umano l'energia delle masse determina la struttura energetica totale: è per questa ragione che il singolo individuo che non pensa come la massa trova difficile districarsi dal pensiero e dalla vibrazione comune.

La terza legge dell'energia dice che l'energia di una certa qualità o vibrazione attrae qualità o vibrazioni dello stesso tipo.

Questo è valido per nuvole, pianeti, libri che singolarmente si attraggono a formare biblioteche, emozioni: l'amore che attrae l'amore, l'astio che attrae l'astio.

Vi è un altro modo di descrivere questo comportamento dell'energia che ci tocca profondamente nel vivere quoti-

diano: l'energia si muove circolarmente, e quello che emaniamo ci ritorna; se emaniamo amore ci ritorna amore, se emaniamo risentimento ci ritorna risentimento.

Per quanto riguarda l'aspetto vibrazionale possiamo notare che, se in una stanza ci sono due pianoforti, suonandone uno, l'altro è "attirato", cioè entra in risonanza, in sintonia, col primo. Alla stessa maniera ogni persona ha un diapason interiore per entrare in risonanza con gli altri, con le forme e le bellezze esteriori: entrare in risonanza affettiva con esseri ed oggetti è uno degli aspetti fondamentali di questa legge; in questo caso captiamo lo schema energetico dell'essere o oggetto, lo accettiamo e risuoniamo con esso.

L'uso dell'energia

Una particolare forma di energia prossima alla consistenza fisica, è l'energia vitale che l'individuo assorbe ed usa con la respirazione; è chiamata *Prana* in India, *Ki* in Giappone (come in Aikido), *Chi* in Cina (come nel Tai Chi). L'uso di questa energia si coltiva, per esempio, nelle Arti Marziali (vedremo più avanti che la gestualità è molto importante nell'uso delle energie).

Uyeshiba, l'inventore dell'Aikido, ha scoperto dentro di sé l'esistenza del Ki in un modo fortuito e non propriamente spirituale.

Uyeshiba si descrive piuttosto irascibile da sempre, "corto di miccia"; un giorno, adiratosi con un altrettanto focoso ufficiale dell'esercito nipponico, aveva dato inizio ad una rissa durante la quale l'ufficiale tentò di colpirlo con il suo spadino d'ordinanza di legno; l'ufficiale "cercava" di colpirlo ma senza successo, perché Uyeshiba riusciva sempre a schivarlo, arrivando anche a prevedere le sue mosse.

Mentre tra i due contendenti avveniva questa specie di

balletto fatto di attacchi e schivate, Uyeshiba ebbe questa illuminazione: la chiave per comprendere ed usare l'energia era mantenersi in armonia anche nel mezzo di un conflitto. Abbandonarsi allo scorrere del Ki, assecondare la legge naturale l'avrebbe protetto. Aveva trovato la base dell'Aikido.

Questo è un esempio significativo di come un'energia emotiva apparentemente negativa quale l'ira possa essere guidata per aprirci nei confronti di livelli più elevati di conoscenza e di coscienza. Infatti l'ira è una potente sorgente di energia perché coinvolge i cinque sensi e l'emozione, ma il suo uso è sconsigliabile ai più per la sua natura imprevedibile ed incontrollabile. In altre parole, ci vuole parecchia disciplina per arrabbiarsi bene.

Sin dai tempi più remoti tutti i popoli della Terra sono stati a conoscenza di come raggiungere ed usare l'immenso potenziale di energie dentro e intorno all'uomo. Il loro obiettivo è sempre stato capire e rispettare le leggi che governano queste energie, generalmente impalpabili ed invisibili, per guidarle, dar loro forma, consistenza ed orientamento sia che volessero provocare una pioggia sia che intendessero comunicare con gli spiriti della natura, guarire velocemente un corpo o cambiare consciamente il proprio carattere.

Essendoci un'infinita varietà di vibrazioni, e quindi di tipi di energie, è importante essere chiari su che cosa si vuole ottenere dal loro uso; ad esempio, l'accedere all'energia spirituale richiede una costante disciplina di pulizia mentale, necessaria per mettersi in armonia con l'essenza divina, il che è molto diverso dalle tecniche di visualizzazione che servono per ottenere quella certa casa in montagna, o per superare un esame; lo schermarsi dalle energie negative di altre persone richiede un'energia diversa da quella necessaria per ricaricare il corpo.

L'elemento comune all'uso di tutte queste energie è accettare il fatto che esse siano disponibili e possano essere usate da noi: più si diventa consci della loro esistenza più è facile usarle, più si acquisisce precisione nell'individuazione e messa a fuoco dell'obiettivo più è naturale ottenere risultati.

Vediamo come.

Le tre leggi dell'energia

Prima Legge

Tutto l'universo è formato da energia.
L'energia vibra, quindi tutto l'universo è una vibrazione.
L'energia vibra a velocità differenti, quindi mostra qualità differenti ai nostri sensi.

Seconda Legge

L'energia deve scorrere, quindi per farlo deve essere in un costante stato di leggero squilibrio.

Terza Legge

L'energia di una certa qualità, o vibrazione, attrae un'energia dello stesso tipo.
Quello che emaniamo ci ritorna.

L'ENERGIA DELLA TERRA

L'Immagine dell'Invisibile

Tutto è energia nell'universo, essa permea tutti gli spazi interstellari e si addensa in miriadi di forme diverse come galassie, soli, pianeti, Terra.

Fino a poco tempo fa si pensava al nostro pianeta come ad un sasso sospeso nel vuoto stellare in continuo ed inevitabile processo di raffreddamento; oggi lo vediamo come un organismo vivente estremamente complesso, vibrante di energie, perlopiù a noi sconosciute, che ci nutre e ci protegge.

Oltre all'energia luminosa che permea tutta la Terra, anche le vibrazioni solari e cosmiche si riversano su di noi penetrando come una gigantesca fiumana cilindrica attraverso il Polo Nord, convogliate dal campo magnetico simile ad un'enorme ciambella con il buco che circonda la Terra. In particolari condizioni elettriche dell'atmosfera, questo fiume è visibile come un sipario verticale iridescente attorno al Polo Nord, ed è chiamato "aurora boreale".

È così che l'energia solare e cosmica, energia maschile che raggiunge il pianeta in superficie e in profondità, si combina con l'energia della Terra, energia femminile, per creare e sostentare tutte le manifestazioni energetiche del pianeta: continenti, oceani, vulcani, stagioni, venti, piante, animali, uomo, tutto.

Le similitudini energetiche

Come avviene per il corpo umano, la Terra racchiude in sé le manifestazioni di tutti i tipi di energia del cosmo: l'architettura della creazione utilizza le stesse energie, ad un livello di vibrazione diverso, per creare ogni cosa. Il grande ed il piccolo sono simili, il microcosmo è fatto ad immagine e somiglianza del macrocosmo. Ad esempio, nel regno minerale l'elemento oro è una manifestazione della vibrazione solare, mentre l'argento è un riflesso della vibrazione della luna: in altre parole, questi elementi esistono sulla Terra perché quelle vibrazioni esistono nel cielo.

Ancora, nel regno vegetale i rami degli alberi crescono attorno al tronco non in modo casuale e disordinato, ma con un andamento a spirale; lo stesso avviene per le foglie, che si dispongono in modo da ombreggiarsi il meno possibile l'una con l'altra.

Questa organizzazione a spirale non è presente solo in botanica, ma in biologia con la forma spiraloide del DNA o in astronomia con le galassie: guardando quindi una pianta, prima vediamo un'energia organizzatrice comune all'universo, e solo in un secondo tempo la riconosciamo in forma materializzata di pianta.

Un esempio di interazione, di similitudine tra regno minerale e regno vegetale è la constatazione che i fiori assumono i "colori" dei metalli che essi utilizzano (i "colori" dei metalli sono i colori che questi emanano quando sottoposti a spettroscopia): la vibrazione essenziale del minerale è ripetuta nel vegetale.

Osservando gli elementi di similitudine tra le forme caratteristiche di piante (o loro parti) e quelle di organi del corpo umano, gli antichi riuscivano a dedurne le proprietà curative, proprietà confermate poi dalla medicina moderna: se l'anemone epatica ricorda il fegato, se la pulmonaria assomiglia ai polmoni, se la noce ci fa pensare alle circonvoluzioni cerebrali, queste piante possono curare quei particolari organi.

Lo stesso approccio è alla base della medicina omeopatica: "i simili si curano con i simili", ma qui la similitudine viene cercata tra l'effetto prodotto da una sostanza (vegetale o minerale) su un soggetto sano ed il sintomo presentato dal malato.

Osservare le leggi di corrispondenza, di analogia, specialmente tra pianta e uomo, ci fa scoprire che non viviamo separati dal resto del creato, ma siamo integralmente collegati all'energia totale. Ciò si vede ad esempio nella minima differenza di struttura chimica tra il sangue (l'emoglobina) e la clorofilla delle piante: la differenza è la presenza del magnesio nella clorofilla al posto del ferro nell'emoglobina.

Le forze energetiche che hanno dato vita ad entrambe hanno usato una struttura similare: è per questa ragione che l'ortica, pianta molto ricca di clorofilla, ha ottime proprietà emostatiche ed antianemiche.

Le correnti di energia

La terra è un intreccio di energie, di vibrazioni, di onde proprie e cosmiche.

Queste energie scorrono in superficie come onde, simili a quelle provocate dallo sci acquatico o da un sasso gettato in uno stagno; ed in profondità, ancora sotto forma di onde, torrenti, tornadi sotterranei, che si esprimono come calore che emana dalla Terra, o movimento lentissimo dei continenti, o eruzioni vulcaniche.

Queste energie sono anche causa della ruggine delle cancellate, dei terremoti, del magnetismo terrestre: perfino un semplice acquazzone è un'interazione tra energie atmosferiche e subterrestri.

Come il corpo umano ha le sue reti ed i suoi centri di energia, così la Terra ha la sua trama energetica, conosciuta dagli animali e dagli antichi.

Gli animali, dipendendo più dell'uomo da una corretta "lettura" della Terra per la loro sopravvivenza, sono in continuo contatto con le energie terrestri, seguendole o evitandole a seconda dei loro effetti. Durante le migrazioni (aeree, terrestri, marine) queste linee di forza guidano il loro movimento, facendoli arrivare o ritornare ai loro luoghi ancestrali per la riproduzione: così accade alle anguille che nuotano per migliaia di chilometri verso il Mar dei Sargassi, o ai salmoni che, dopo una vita trascorsa nell'oceano, ritornano a deporre le uova in torrenti anche a centinaia di chilometri dal mare.

L'energia particolare del luogo di concepimento o di nascita non "marca" solamente gli animali: la sua impronta è forte in tutti gli esseri viventi. Quando un luogo ci chiama bisogna andarci perché spesso può modificare la nostra natura energetica, facendoci scoprire di più del nostro essere: è abbastanza comune che una persona "sensitiva" sia diventata o si sia scoperta tale ritornando nell'esatto luogo dove è nata (la casa, la stanza), passando attraverso un'esperienza di "rinascita".

L'esistenza della rete di energia della Terra era nota ai popoli antichi che, oltre a sfruttarla per tracciare i sentieri, usavano i centri più energetici come luoghi di culto sui quali costruire i loro templi, siti spesso associati a sorgenti d'acqua. Con l'avvento del Cristianesimo i templi furono distrutti e le chiese furono costruite sopra i vecchi templi, continuando così ad usufruire dell'energia del luogo.

I canali di energia terrestre possono essere "coltivati"

dall'uomo, cosicché l'energia continui a scorrere ed anche a rafforzarsi, esattamente come nell'uomo i meridiani dell'agopuntura sono stimolati dall'agopunturista o i canali di irrigazione di un podere sono tenuti ben funzionanti dall'agricoltore. Così, mantenendo vive certe cerimonie, l'uomo può, con le sue energie, influenzare le energie della natura; l'uomo può anche cambiare drasticamente queste energie, com'è accaduto con la venuta dei bianchi nelle Americhe che ha mutato la qualità dell'energia del continente, non sempre necessariamente in modo peggiorativo, benché l'energia di molti siti si sia attenuata.

La situazione "vibrazionale" del continente americano al momento dell'arrivo dell'uomo bianco, può essere descritta per analogia con i racconti dei vecchi dei nostri paesi, che giurano che "ai loro tempi" per far piovere era sufficiente esplodere dei colpi di fucile contro le nuvole.

Ciò è spiegabile con il fatto che "ai loro tempi" nell'aria c'era una situazione vibrazionale molto stabile (nessuna vibrazione sonora dovuta ad automobili, aerei e simili, nessuna vibrazione elettromagnetica, niente onde radio o TV), cosicché una forte vibrazione sonora, come un colpo di fucile, era in grado di causare uno squilibrio e quindi la pioggia.

Nell'America pre-uomo bianco vi era una simile situazione di delicato equilibrio delle energie terrestri, alterato dall'avvento del nuovo tipo di energia portata dal diverso pensiero dell'uomo bianco.

Questi cambiamenti della trama energetica della Terra non devono essere visti come un'attenuazione della sua energia: questa non si può alterare, può solo mutare in un continuo bilanciamento dell'insieme.

L'uomo può anche attivare nuovi luoghi ed aprire nuovi canali di energie terrestri: è quanto è avvenuto in località sacre alla cristianità come Lourdes o Medjugorije, laddove una combinazione di centri energetici e di persone animate da una forte devozione religiosa hanno creato un canale di energia sempre più aperto. Questa energia può ottenere guarigioni o creare apparizioni religiose: più aumenta il numero dei credenti, più il canale si apre. Quindi non solo accade che le energie terrestri influenzino l'uomo, ma le energie dei desideri, delle credenze, dei pensieri, della mente dell'uomo influenzano le energie della natura.

È per questa ragione che le apparizioni religiose cattoliche, come quelle della Madonna, avvengono solamente in località influenzate dal pensiero cattolico, mentre le apparizioni del Dio Krishna avvengono nei luoghi in cui si venera questa immagine di Dio: l'energia dei pensieri e delle credenze, in luoghi particolari ed in particolari circostanze, riesce ad addensarsi e rendersi visibile nella forma in cui è emanata.

Per comodità di descrizione l'energia visibile della Terra, quella materiale, è stata divisa in regno minerale, regno vegetale e regno animale. Entro ciascuno di questi regni vi sono energie individuali ed energie di gruppo.

Per esempio vi è l'energia della goccia d'acqua e l'energia dell'oceano, l'energia di un uccello e quella di uno stormo, l'energia dell'albero e quella della foresta. L'energia del gruppo è più forte, più strutturata, più complessa, più ricca di "vissuto" di quella del singolo individuo: così lo "spirito della foresta" potrebbe essere un'essenza, una entità semi-materiale che può divenire visibile qualora una persona riesca a vibrare in armonia con essa.

Così si spiegano fatine, elfi, gnomi, spiriti, Sasquach (ominidi delle foreste del nord-ovest americano), Yeti, Monsieur X (ominide gigantesco descritto dai Masai delle foreste equatoriali africane), elementali (essenze energetiche del mondo minerale e vegetale).

Tutte queste manifestazioni di energia organizzata sono

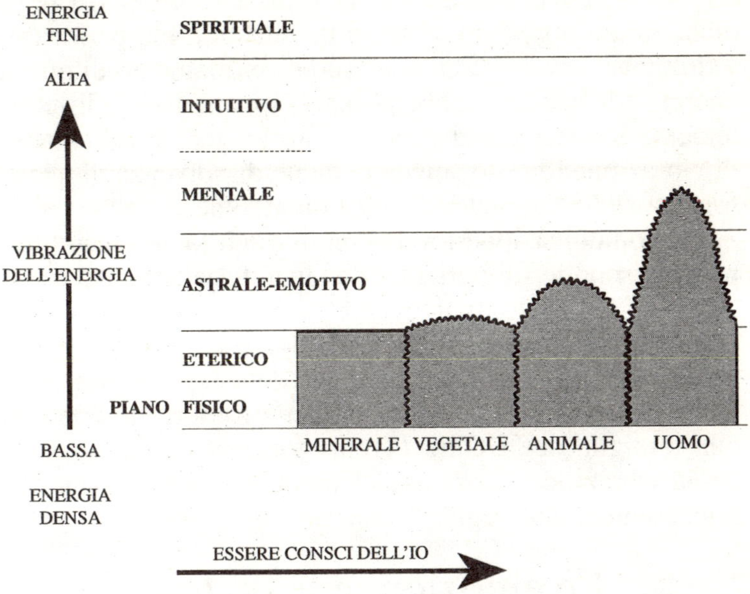

I confini tra i diversi Regni della natura non sono netti ed isolati, ma sfumati, permeabili l'uno all'altro.
L'essere consci della propria esistenza ed individualità aumenta con l'aumentare del livello vibrazionale, e si sperimentano vibrazioni sempre più elevate. Così un sasso è composto prevalentemente di materia (il corpo eterico o corpo di energia tiene assieme il corpo fisico), il vegetale comincia a sentire (riflettere) un barlume di emozione, l'animale ha un'emotività molto più sviluppata del vegetale, e l'uomo raggiunge il livello mentale arrivando a punte d'intuizione.

influenzate dalle forme-pensiero dell'uomo, dalle quali traggono il proprio aspetto a seconda della cultura del luogo. La materializzazione di queste energie, in particolari circostanze, indica che le separazioni dei tre regni della natura non sono nette ed invalicabili, ma permeabili e fluttuanti: anzi vi è un continuo sconfinamento di queste energie "di frontiera", che possono appartenere indifferentemente a due regni diversi con un leggero cambiamento di vibrazione; questo spiega la facile dissolvenza di queste forme fisiche dal materiale all'immateriale.

La comunicazione tra due regni è più facile quanto più marcate sono le similarità tra due manifestazioni. Ad esempio, abbiamo visto quanto siano simili la clorofilla (regno vegetale) e il sangue (regno animale), essendo il magnesio invece del ferro l'unica differenza: ebbene, si sono trovate tracce di emoglobina in alcune piante comuni appartenenti alla famiglia degli Olmi (Trema tormentosa); un caso in cui la vibrazione è così simile che può appartenere indifferentemente ai due regni.

Le emozioni e la materia

Cominciamo ad avvertire come le nostre energie emotive influenzino la materia: per esempio, entrando in una stanza o in un luogo sconosciuto percepiamo immediatamente sensazioni piacevoli o spiacevoli in relazione all'energia del posto; quello che stiamo sentendo è il vissuto del luogo, la qualità della vibrazione che persone ed avvenimenti passati hanno emanato ed impresso in quello spazio; così una profonda disarmonia familiare, o una tragedia, vissute in un vecchio palazzo o castello, possono provocare ancora sensazioni di forte disagio al visitatore.

Le nostre energie influenzano anche gli oggetti: anelli, pietre preziose, vestiti, mobili, sassi. Anelli o pietre con strutture cristalline (preziose o non preziose) riescono a caricarsi più intensamente ed a conservare energie più a lungo di altri oggetti, perché, indossati, vengono a contatto più intimo con le nostre energie personali, aiutati dalla struttura regolare della pietra che funziona come un amplificatore-accumulatore di queste forze. Bisogna guardarsi però sia da atteggiamenti di rigetto ("È tutta colpa di quell'oggetto che mi è stato dato") che di dipendenza ("Speriamo che questo oggetto porti anche a me un po' di buona fortuna"): bisogna aver ben chiaro che niente ci può far male eccetto le nostre paure, che ci rendono vulnerabili a energie destabilizzanti.

Un esempio classico è il diamante Hope, il più grosso del mondo, che continua a portare "sfortuna e disgrazia" al suo proprietario: è vero che il diamante può essere carico di energie vissute negative, e può continuare a caricarsi sempre di più, ma senza la predisposizione all'autolesionismo del proprietario non avrebbe modo di scaricare la sua energia; la persona attira ciò che emana ed emana ciò che è.

Un altro esempio di come l'emotività influenza la materia è ciò che succede quando una persona s'incollerisce: l'energia dell'ira non solo causa un cambiamento della struttura molecolare del sangue, ma impregna di questa energia lo spazio intorno alla persona, ad esempio la sedia e il tavolo se l'individuo è vicino a questi mobili.

Per impedire che questa energia, di cui si è impregnato il luogo, continui a nutrire l'ira, è importante abbandonare quel particolare spazio, possibilmente andando all'aria aperta, presso un albero o in un bel prato verde, per permettere alle vibrazioni della natura di rilassarci.

Non solo forti emozioni come l'ira influenzano i luoghi in cui siamo: qualsiasi azione, gesto o pensiero è registrato ed aleggia intorno a noi. Questo ci torna utile quando, dimenticato un pensiero o un oggetto verso cui era rivolta la nostra attenzione, ritorniamo sul luogo dell'azione e, rifacendo i gesti precedenti, ritroviamo il pensiero o l'oggetto temporaneamente perduto.

L'energia dell'attenzione

Una teoria dell'antichità diceva che vedere gli oggetti che ci circondano è possibile perché gli occhi emanano un fluido che, come piccole mani, "palpa" l'oggetto, dandoci quindi l'informazione che noi chiamiamo "vedere". La scienza attuale dice invece che questo "fluido" non va da noi all'oggetto, ma dall'oggetto a noi, e che si chiama luce: è infatti la luce che, riflessa in un modo non uniforme dall'oggetto, illumina i nostri occhi, dandoci la sua forma.

L'immagine di questa forma rimane impressa nell'occhio per un breve periodo di tempo, una frazione di secondo, mostrandoci come l'energia esterna, la luce dell'oggetto in questo caso, interagisca e permei di sé la nostra energia, facendoci capire anche che la semplice osservazione di qualcosa influenza l'energia dell'osservatore.

Più generalmente, e con un linguaggio più moderno, possiamo dire che le energie dell'osservatore e della cosa osservata si influenzano a vicenda, cosicché non è possibile l'osservazione neutra e distaccata di eventi o oggetti della natura: la nostra semplice osservazione, il prestare attenzione a qualcosa tocca ed avvolge la cosa, influenzando il suo stato.

L'interazione con le energie non solo ci fa capire quanto si sia in costante collegamento con l'oceano di forze intorno a noi, ma sta diventando determinante per il ricercatore scientifico che esplora forme di energia sempre più fini ed impalpabili. Infatti, più ci si addentra nell'energia sottile, più si nota l'interazione tra il pensiero, l'atteggiamento della persona e le energie che la circondano.

Questo aspetto sta diventando importante per gli scienziati che ricercano l'essenza delle cose, scoprendo che non è possibile per il ricercatore estraniarsi dall'esperimento perché il suo pensiero e la sua attenzione lo collegano energeticamente alla sua ricerca, e quindi la sua partecipazione ne influenza il risultato.

Ciò è evidente, ad esempio, nell'attuale tentativo di provare le basi energetiche dell'omeopatia, in cui si vuole dimostrare che l'acqua può conservare la memoria delle vibrazioni di altri elementi non più presenti in essa.

I risultati di questa ricerca mostrano chiaramente che è l'opinione iniziale del ricercatore ad influenzare l'esito finale: entrambi i sostenitori ed i detrattori della teoria, ottengono risultati concordi con le loro convinzioni... La realtà è una conseguenza dei nostri pensieri, e ciascuno di noi è partecipe della realtà creata. Anche la nostra semplice presenza modifica l'energia di un luogo: la prossima volta che vi trovate in un bosco, notate come gli uccelli reagiscono diversamente alla vostra presenza a seconda che siate distratti o attenti al loro cinguettare.

Addentrandosi nell'esplorazione del sempre più piccolo e sottile, si nota anche quanto l'impatto della semplice osservazione di qualcosa ne modifichi le energie: la particella di luce, ad esempio, quando viaggia "inosservata" si comporta come un'onda che si propaga nello spazio, ma nell'istante in cui viene osservata collassa verso l'interno riducendosi ad un punto. Lo stesso accade in un atomo: non è possibile osservare direttamente l'elettrone di un atomo, anche se si disponesse di un microscopio infinitamente potente, perché la luce che serve per "guardarlo", la nostra luce normale, avrebbe l'effetto di un terrificante bombardamento sull'elettrone, falsandone completamente il movimento che intendevamo solamente osservare in modo neutrale.

La ragione è che, più piccola è la cosa verso cui dirigiamo l'attenzione, più interferiamo con la nostra energia osservante.

Questo in fisica è conosciuto come il "Principio di Indeterminazione", secondo il quale, osservando le piccole energie come l'elettrone, se vogliamo sapere dove sono non possiamo sapere come si muovono o, viceversa, se sappiamo dove stanno andando non sappiamo dove sono. Per questa ragione l'elettrone non può essere visto esattamente come il "pianetino" descritto in precedenza, ma piuttosto come una "nuvola" di energia, il che sta ad indicare quanto sia indeterminata la sua posizione.

Trasmutazioni

Guardando alle energie della Terra notiamo che anche nell'apparente confusione vi è armonia fra le tante vibrazioni che si compenetrano, fluiscono, danzano. Tutto avviene senza forzature, è uno scorrere ininterrotto da un'energia all'altra, da una vibrazione all'altra, come una continua iridiscenza di colori: così venti impalpabili levigano montagne, lievi correnti elettriche corrodono l'acciaio, soffici gocce d'acqua sciolgono il granito; tutto cambia, tutto si trasmuta seguendo la legge dell'inevitabilità dello scorrere.

Anche gli elementi della Terra seguono questa legge e mutano da un tipo a un altro a seconda della necessità del momento. Queste trasmutazioni, che l'uomo è riuscito ad ottenere finora solo in modo forzato attraverso la fissione dell'atomo, avvengono armoniosamente, naturalmente e quotidianamente in natura con la fusione fredda, chiamata anche effetto Kervran dal nome dello scienziato che l'ha studiata.

Per esempio, un terreno coltivato ad erbetta verde necessita di molto Calcio: quando il terreno ne è impoverito compaiono le margherite che, trasmutando il Silicio in Calcio, arricchiscono di nuovo il terreno.

Le trasmutazioni avvengono normalmente anche nel regno animale: dando una dieta priva di Calcio ad una gallina, dopo tre giorni questa comincia a deporre uova con guscio molle; l'aggiunta di Potassio alla dieta acalcica fa deporre di nuovo alla gallina uova normali, grazie alla trasformazione dell'elemento Potassio in elemento Calcio.

Per la sintesi della Clorofilla è necessario il Magnesio: nel terreno questo Magnesio è prodotto dalla trasmutazione del Calcio con liberazione di Ossigeno. Quindi tutta la Terra è un immenso polmone respirante; non solo le foreste ed i mari, ma anche il suolo produce l'energia Ossigeno; in un costante equilibrio Gaia, la Madre Terra, nutre tutti i suoi esseri secondo i loro bisogni e le loro energie.

Colorare la stanza

Per neutralizzare un luogo o una stanza in cui dobbiamo restare per alcune ore ed in cui non ci sentiamo a nostro agio, visualizziamo un grande pennello e, con vernice dorata (vedi capitolo sui colori per la qualità del colore oro), pitturiamo pareti, soffitto, pavimento, mobili, arredi. Il colore oro ha la facoltà di schermare energie negative, proteggendoci da vibrazioni spiacevoli per il periodo della nostra permanenza. Essendo l'energia visualizzata presa dall'ambiente, questa forma-pensiero si dissipa se non alimentata o ripetuta dopo 1-2 ore.

Tecnica per liberarsi dall'ira

Immediatamente dopo "l'esplosione d'ira", abbandonare il luogo dove questa è avvenuta, andando se possibile all'aperto, nella natura, in un prato, tra gli alberi a respirare lentamente l'energia verde in cui ci siamo immersi.

Tecnica per ritrovare il filo del pensiero o un oggetto

Se si perde il filo di un pensiero, o ci si dimentica un oggetto da qualche parte (un mazzo di chiavi, per esempio), ritornate sul luogo in cui pensate che la "perdita" sia avvenuta, ripetendo i movimenti e la gestualità precedente.

* * *

IL CERVELLO

A chi molto è dato, molto sarà chiesto.
Sathya Sai

Il cervello è la parte più misteriosa e complessa del corpo umano, e la sua "scoperta" è relativamente recente; fino a pochi secoli fa lo si credeva localizzato nello stomaco perché lo si associava alle emozioni e queste erano spesso avvertite come sensazioni in quella sede.

Attraverso i secoli si è paragonato il cervello alle tante macchine costruite dall'Uomo: nel diciannovesimo secolo lo si pensava organizzato come una macchina a vapore, con gli istinti che accumulavano pressione e forza, e la collera o il pianto come valvole di scarico.

In seguito lo si è paragonato ad un centralino telefonico del primo tipo, con la centralinista indaffarata ad inserire collegamenti a seconda delle richieste. Più recentemente lo si è assimilato ad un computer, mentre al presente è visto come un ologramma, un'immagine tridimensionale in cui ogni frazione contiene l'informazione totale.

Fisicamente il cervello è una massa grigio-rosa di circa un chilo e mezzo di peso, costituita da oltre cento miliardi di cellule nervose, chiamate neuroni, che necessitano per il loro funzionamento di una quantità di energia assolutamente sproporzionata al loro peso. Questi neuroni possono essere grossolanamente paragonati a tante meduse, i cui filamenti si collegano e si intrecciano in una trama tridimensionale con le altre cellule per "creare" pensieri.

Dato il grande numero di neuroni, il numero di connessioni possibili è astronomicamente elevato, cosicché non possiamo mai incorrere nella ripetizione dello stesso pensiero. Molti di noi insistono nell'avere pochi pensieri, ad esempio rimuginando una recriminazione o una preoccupazione migliaia di volte; così facendo non corrono certo il rischio di usare tutte le combinazioni possibili.

Il cervello non è il ricevitore passivo di ciò che ci accade nella vita, benché la gente pensi che funzioni in questo modo, o perlomeno lo vorrebbe. Si dice anche che usiamo solo il 10% del nostro cervello, ma anche questo non è corretto: usiamo il 100% del nostro cervello, altrimenti non avrebbe l'attuale dimensione, per la stessa ragione che non abbiamo nel corpo altre parti che non usiamo, come un secondo naso o un terzo polmone.

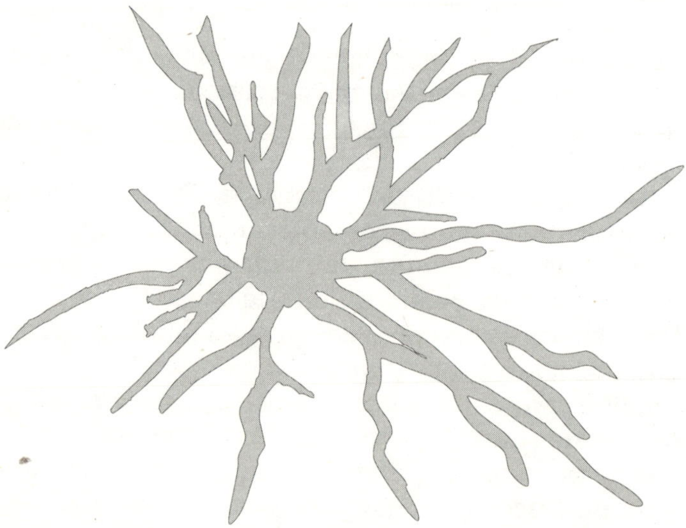

Neurone

Possiamo però dire che capiamo solo il 10% del nostro cervello, sebbene l'altro 90% sia senz'altro funzionante: è quello che, attraverso la nostra energia, crea e manifesta la nostra realtà.

Si è detto che il nostro cervello possiede miliardi di neuroni. È così fin dalla nascita, poi ogni giorno mediamente 100.000 cellule muoiono e non vengono rigenerate, il che avviene invece per le cellule della pelle che continuamente si riproducono.

Le uniche cellule cerebrali che mantengono la capacità di rigenerarsi per tutta la vita sono i neuroni olfattivi, che appartengono a quella parte di cervello che più si affaccia al mondo esterno.

Si può rallentare in parte la perdita naturale dei neuroni con il riposo fisico, col dormire e con il loro uso, col pensare; la mancanza di uso delle cellule cerebrali provoca infatti l'atrofizzazione di molte delle connessioni che, staccandosi come rametti secchi, causano una diminuzione di plasticità del cervello, dando luogo a pensieri meno precisi e più sfocati.

Un'efficiente plasticità cerebrale può essere conservata tutta la vita mantenendo, ad ogni età, una grande curiosità verso il mondo che ci circonda; hobbies ed attività varie contribuiscono a mantenere il cervello giovane: nelle persone anziane la curiosità e l'interesse verso la vita fa la differenza tra lucidità mentale e senilità; se non vi è interesse per qualcosa che stimoli sempre nuove connessioni neuronali, le cellule nervose rimangono inattive e muoiono.

I due cervelli

Guardando più attentamente si nota che il cervello è diviso in due emisferi, così diversi per lavoro, funzione ed uso che sembrano due diversi cervelli: il cervello destro ed il cervello sinistro. Il sinistro è principalmente preposto alla logica, al calcolo, al pensiero analitico ed all'azione: il concetto di spazio e di tempo appartiene a questo emisfero; il comportamento mentale dell'uomo (maschio) è a predominanza cervello sinistro.

Il cervello destro interessa la creatività, l'intuizione, la sensitività, la spiritualità: le donne più degli uomini usano questo emisfero.

Queste qualità dei due cervelli sono però in parte comuni ai due emisferi, nel senso che, data l'importanza di questo organo nella vita dell'individuo, in caso di malattia o incidente le funzioni di un emisfero possono essere, almeno parzialmente, assunte dall'altro.

Non vi è superiorità attiva tra i due emisferi: essendo preposti a funzioni diverse, entrambi sono necessari poiché complementari.

Pensare bene vuol dire usare entrambi i lobi: i due emisferi interagiscono in continuazione quando pensiamo o agiamo, dimostrando una grande plasticità nella capacità di modellarsi sull'esperienza o sulla necessità del momento.

Ad esempio, in situazioni nuove per noi, quando non sappiamo come comportarci, il cervello destro ha un ruolo essenziale nello stabilire un nuovo codice di comportamento; quando questo codice è stato stabilito, l'attività mentale è trasferita all'emisfero sinistro.

Un altro esempio è quello del musicista, che crea la musica con l'emisfero destro (e noi la apprezzeremo con la stessa parte), ma per elaborarla e comunicarla a noi deve usare il sinistro.

L'attivazione del cervello

In ciascuno dei due emisferi vi sono aree specializzate a cui sono assegnate funzioni particolari. Ad esempio, nell'emisfero sinistro vi sono zone preposte al linguaggio: il pensiero di parlare accende questa area con l'attività dei neuroni che si energizzano per disporsi a mandare impulsi motori alle corde vocali.

Alcune zone dell'emisfero sinistro, come quelle preposte al parlare e al camminare, devono venire esercitate entro breve tempo dalla nascita perché, se non usate, le loro cellule nervose si atrofizzano e perdono la capacità di funzionare; per di più, una volta avviate a svolgere un compito in un certo modo, nel senso che i neuroni imparano a collegarsi in una certa formazione, sarà difficile per queste cellule cambiare le loro connessioni.

Noi diamo per scontato che, da bambini, ci venga spontaneo verso l'anno di età alzarci sulle due gambe ed iniziare a camminare, ma se non avessimo visto gli adulti camminare eretti ci sarebbe stato molto difficile pensarci da soli; il fatto è che moltissimo di quello che facciamo, pensiamo o siamo ora lo abbiamo imparato con l'osservazione nei primissimi anni di vita. Significativi a questo proposito i casi, avvenuti in India, di bambini piccoli, persi o abbandonati nelle foreste ed adottati da scimmie, che hanno acquisito caratteristiche comportamentali da primati, come camminare sui quattro arti ed emettere suoni inarticolati.

Se il ritrovamento di questi bambini avviene prima dell'età, mediamente, di otto anni, essi possono essere rieducati ad usare le gambe e a parlare; se avviene invece in età più tarda, i neuroni preposti al camminare e al parlare avranno un modo di collegarsi così ben radicato che sarà praticamente impossibile ogni cambiamento.

Ciascuno di noi usa aree diverse del cervello per comunicare con se stesso e con l'esterno, per predisposizione e secondo il modo di comunicare delle persone intorno a noi nelle prime settimane di vita. Generalmente una persona che borbotta con se stessa lo fa verbalmente, ma se, ad esempio, avesse appreso il linguaggio dei segni potrebbe pensare tra sé e sé usando le mani.

Un bambino che pensa per immagini si trova svantaggiato a scuola perché l'insegnamento scolastico è prevalentemente uditivo; in quest'ottica una persona sorda non è handicappata, ha solamente facoltà percettive diverse dalla maggioranza. Ad esempio può possedere una capacità visiva straordinaria come si è constatato con dei bambini cinesi sordi, già in grado a tre anni di scrivere ideogrammi con un'abilità che normalmente i bambini raggiungono solo molto più tardi.

Questi diversi modi di comunicare vanno accettati e incoraggiati, invece di forzare un individuo sordo ad usare esclusivamente quello più diffuso, il linguaggio verbale, del quale non ha riscontro; è necessario però che questo incoraggiamento sia esercitato prima dei cinque anni di età, quando la plasticità del cervello è ancora disponibile su altri canali sensoriali. Dopo questa età vi è un'irrigidimento neuronale e l'espressività del bambino diventa molto più difficoltosa, provocando atteggiamenti di chiusura che rappresentano ai nostri occhi la condizione di handicappato mentale.

Il modo in cui i neuroni si dispongono nel nostro cervello quando pensiamo ricorda in un certo senso un geroglifico egizio in tre dimensioni. Ovviamente se il pensiero è: "Qual è il significato della vita?", allora la trama è estremamente complessa ed irriconoscibile, ma se è qualcosa di più semplice, come un simbolo, la disposizione delle cellule è esattamente nella forma del simbolo: se l'immagine è in movimento anche la struttura neuronale si muove fisicamente nel cervello.

Come esperimento è stato chiesto ad un volontario, al quale era stata fatta un'iniezione per rendere i neuroni leggermente e temporaneamente radioattivi, di pensare ad una stella a cinque punte: una foto a raggi X della corteccia cerebrale ha dunque mostrato una stella a cinque punte, come una stella natalizia illuminata da lampadine.

Le onde del cervello

Il cervello può essere visto come una sostanza energizzata che permette di fare il "replay" dei fatti della nostra vita. Questo "replay" è a tre dimensioni ed ha intensità visiva, sensazioni ed emozioni.

Ciò che guida il nostro pensiero e le nostre azioni sono le nostre convinzioni, il programma con il quale interpretiamo la vita; il modo di pensare determina la rete neuronale che è alla base del nostro comportamento.

Le altre persone non possono vedere ciò che noi immaginiamo, eppure le nostre visualizzazioni sospese nello spazio del cervello sono reali, possiedono energia; infatti, più precisa e più a fuoco è l'immagine, più è impregnata di dettagli sensoriali e di emozioni, più è ricevuta come realtà dal nostro sistema nervoso. Una delle strane peculiarità del cervello, che useremo più avanti nelle tecniche di visualizzazione, è che il nostro sistema nervoso non riesce a distinguere tra un'immagine vivida, dettagliata, creata dalla nostra mente, ed un'immagine reale, interpretando entrambe come vere e mandando gli stessi impulsi neuromuscolari; così, per esempio, si hanno mani sudate, aumento del battito cardiaco e produzione di adrenalina sia per un pericolo reale che per una paura immaginaria.

La sostanza energizzata che chiamiamo cervello rivela il continuo collegarsi e ricomporsi di reti neuronali (il pensare) come attività elettrica sulla superficie della pelle, con onde veloci o lente a seconda dell'attività mentale.

Con gli occhi aperti, comunicando con l'esterno, la persona lavora prevalentemente con l'emisfero sinistro e

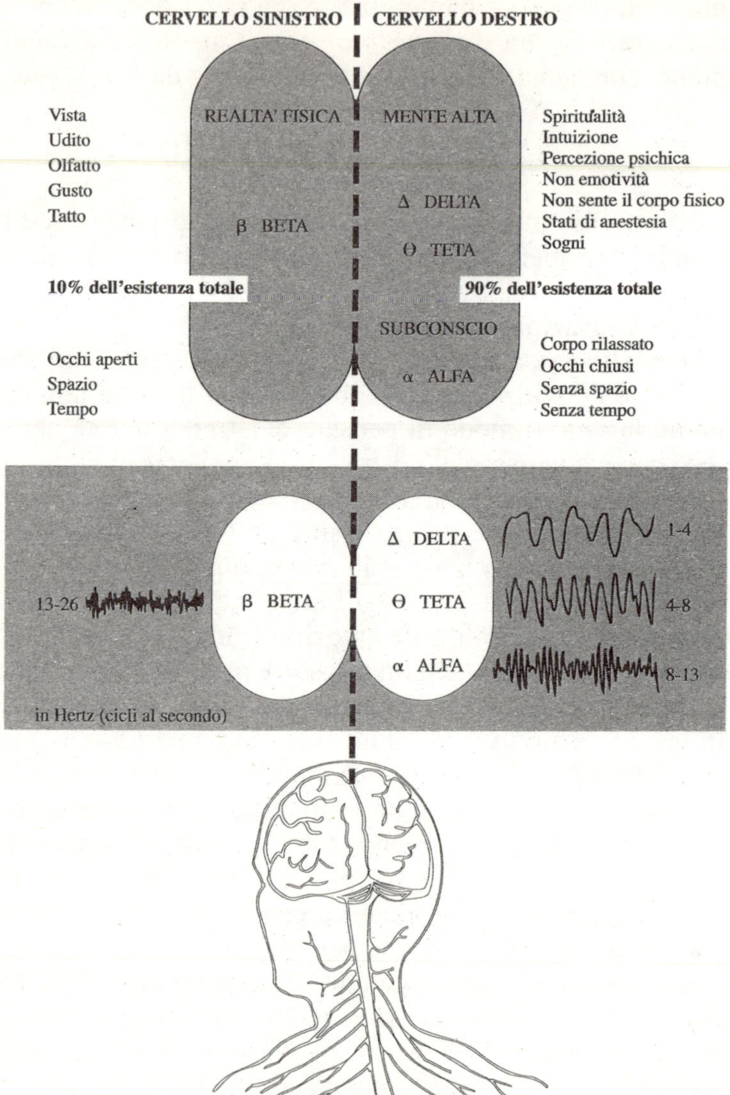

Come l'energia del pensiero fa vibrare i neuroni

genera onde Beta. Il cervello sinistro ha a che vedere con il conscio, con lo spazio-tempo, la parte fisica ed i cinque sensi: moltissime persone operano esclusivamente in questa realtà, i cosiddetti "materialisti", gli scettici, i razionali estremi. Questa parte di realtà rappresenta solamente circa il 10% dell'esistente, che non può evidentemente essere compreso appieno senza la conoscenza del restante 90%.

Con il corpo rilassato e gli occhi chiusi, l'attività elettrica cerebrale si attenua, cominciando ad emanare onde Alfa. Queste onde sono più lente delle onde Beta, perché l'attività mentale è più tranquilla, spostandosi verso il cervello destro, verso il subconscio, ed anche perché ad occhi chiusi vi sono meno stimoli esterni da elaborare. Un modo veloce di andare in Alfa è tirare un sospiro (come di sollievo), muovere gli occhi all'insù per tre secondi, e riportarli in posizione normale abbassando le palpebre.

Se continuiamo a rilassarci cominciano ad apparire le onde Teta, che indicano uno stato mentale del cervello destro proprio anche dell'elevata concentrazione, dell'intuizione, della spiritualità: questo è lo stato dell'essere altamente conscio, della sensitività, dell'assenza di emozionalità.

Il sonno

Oltre il Teta sopravviene lo stato Delta, il sonno, in cui l'attività elettrica del cervello è al minimo: tutto il corpo sta riposando. In questa situazione, parecchie volte per notte, la persona entra in uno stato di sogno, in cui l'attività elettrica del cervello si accentua, rivelata dal movimento rapido degli occhi dietro le palpebre chiuse (sonno REM).

La fase di sogno è necessaria per il riposo e la salute fisica dell'uomo e dell'animale: senza il sogno la salute si deteriora rapidamente fino alla morte. In certe tecniche di lavaggio del cervello si indebolisce la difesa mentale della vittima impedendogli di sognare.

La ragione per cui durante il sogno l'occhio si muove rapidamente, quasi vibrando, è dovuta al fatto che questo organo è parte integrante del cervello, e quindi è messo in azione dall'attività cerebrale del sognare.

Infatti, durante la fase fetale, l'occhio cresce dall'interno del cervello verso l'esterno, come una pianta cresce dal terreno; questo legame strettissimo tra occhio e cervello è confermato dal fatto che il 70% dei neuroni è collegato con i nervi ottici.

La funzione principale del nervo ottico non è consentirci di vedere, ma stimolare le aree relative ai cinque sensi ed accedere alle loro schede di memoria immagazzinate nel cervello. Questa sintonizzazione sulla memoria dei sensi avviene anche da svegli. Se una persona vuole odorare una rosa deve accedere alla memoria olfattiva per sapere che sta odorando una rosa: questo accade automaticamente volgendo gli occhi all'insù. Sarebbe molto difficile odorare con gli occhi rivolti in qualsiasi altra direzione.

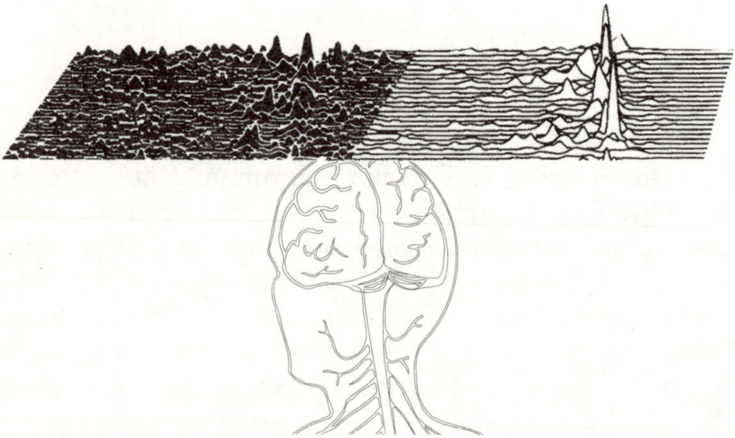

Se la stessa persona volesse invece assaggiare un frutto, dovrebbe accedere alla memoria del gusto, volgendo gli occhi verso il basso, e così via: gli occhi hanno la stessa funzione della manopola della radio che si ruota per sintonizzarsi sulle diverse stazioni.

Allo stesso modo, durante il sogno, la mente richiama sensazioni visive, uditive, eccetera, muovendo gli occhi in una sequenza rapidissima che pare comprimere il tempo: per questa ragione un sogno che ci sembra duri ore in realtà può invece essere durato solo alcuni minuti.

La chiarezza dell'insieme

I due stati di Alfa e di Teta sono attività del cervello destro che fanno parte integrante della nostra vita, costituendo l'aspetto intuitivo della nostra comprensione dell'esistenza e consentendoci di capire ed usare le energie dentro ed intorno a noi.

Il comprendere ed il mettersi in armonia con l'energia comporta un uso più conscio di questi due stati (vedremo come), permettendoci una maggiore apertura verso l'intuizione e la creatività: questo è essenziale per attenuare il predominio della nostra mente logica, il cervello sinistro, che vuole sempre razionalizzare tutto molto dettagliatamente.

Sapere che vi sono aree collegate a determinate funzioni come il parlare, il camminare, il gustare, il sentire l'amore o la collera, non ci deve far pensare che il cervello funzioni come un grande casellario a cui possiamo accedere meccanicamente per ottenere dei risultati.

Ora conosciamo già duemila di queste zone, ma l'esplorarle sempre più in profondità singolarmente ci farebbe capire di meno, non di più, perché il cervello agisce come un insieme, spinto dall'energia del nostro essere.

Vi sono ad esempio persone affette dal morbo di Parkinson, malattia degenerativa dei neuroni, che non possono muovere il corpo eppure riescono a suonare il piano e a dipingere; vi sono persone incapaci di parlare che riescono però a cantare molto spigliatamente.

Questi esempi mettono in evidenza che la plasticità e l'adattabilità del nostro cervello permettono alle particolari forze del nostro essere di rivelarsi: è attraverso il cervello, specialmente l'emisfero destro, che l'essere costruisce il ponte tra sé e le altre persone, comunica con il mondo fisico esterno, e supera la frontiera tra la sua energia immateriale e la materia.

Tecnica per accedere ai due emisferi

Tutti gli organi del corpo sono collegati a sensori distribuiti su tutta la sua superficie: ad esempio, nella reflessologia plantare si massaggiano e si stimolano sulle piante dei piedi i terminali di più o meno tutti gli organi del corpo, e gli stessi terminali danno al reflessologo indicazioni sullo stato di salute degli organi corrispondenti.

I punti dell'agopuntura sono vie d'accesso ai canali del corpo che collegano vari organi (è da notare che l'agopuntura è praticata nella medicina ufficiale benché non abbia alcuna base né fisica né biologica, non essendo questi punti rilevabili fisicamente con strumentazioni).

Abbiamo detto che il cervello sinistro è preposto alla logica, alla razionalità, al fare ed il destro è attivato in situazioni nelle quali è richiesta creatività, intuizione, spiritualità, percezione psichica. A seconda dell'attività del momento, vorremmo essere in condizione di poter sfruttare al meglio le nostre capacità cerebrali: questo è possibile con la stimolazione dell'attività del lobo appropriato, che si ottiene con lo sfregamento dei polpastrelli delle dita della mano opposta all'emisfero da stimolare. Ad esempio, se una persona sta per avere un incontro in cui si parlerà di numeri, problemi finanziari o tecnici, se uno studente o un manager aziendale deve scrivere o esporre una relazione, è utile far funzionare prevalentemente il cervello sinistro. Un modo sicuro e veloce di farlo è di sfregare tra loro i polpastrelli del pollice e delle tre dita centrali della mano destra dai venti secondi ai due minuti, stimolando così il lobo preposto a queste funzioni.

Invece se, per esempio, si vuole essere creativi per dipingere un quadro o scrivere una poesia, recepire qualcosa di nuovo a scuola o al lavoro, richiamare alla memoria un nome, stimolare la propria religiosità, diminuire un dolore corporeo o, in atletica, aumentare la propria resistenza fisica, allora occorre stimolare l'attività del cervello destro: questo si fa sfregando, per lo stesso tempo, i polpastrelli della mano sinistra.

È da notare che il corpo inconsciamente esegue già queste stimolazioni, ad esempio sfregando le dita per ricordarsi qualche cosa, o sgranando un rosario (cioè stimolando l'emisfero destro), per aprirsi alla spiritualità.

Tecnica per portarsi in Alfa

Un metodo veloce per mettersi in ritmo Alfa consiste nel muovere gli occhi all'insù per tre secondi tirando un sospiro, e quindi riportarli in posizione normale abbassando le palpebre.

* * *

IL CORPO COME SPECCHIO DELLA MENTE

Il tuo corpo è una macchina meravigliosa,
il tuo corpo è la tua intima creazione.
Sei come sei perché così è come
vuoi essere.

John

Il nostro corpo è un sistema che si carica prendendo energia dall'esterno: la riceviamo dal cibo che ingeriamo, dall'aria che respiriamo, dai raggi del sole sulla pelle, dall'amore o dalla stima degli altri. La restituiamo poi con il movimento, l'espirazione, la voce, la sessualità, le emozioni.

Vi è benessere mentale e fisico quando l'energia che riceviamo è pari a quella che emaniamo. Poche persone riescono a vivere lasciandola scorrere liberamente attraverso il loro corpo: generalmente parte di essa si blocca nel corpo e si somatizza come ingrassamento, mal di testa, mal di schiena e dolori vari, atteggiamenti posturali e malattie di vario tipo.

Ciò avviene perché ogni singola cellula del nostro corpo è influenzata dalla mente e quindi sull'intero corpo si somatizzano preoccupazioni, ansie, paure che derivano dal nostro modo di vedere il mondo.

Esternamente, la pelle rispecchia il nostro "vissuto": un'estetista o una massaggiatrice comprende la situazione interiore di una persona osservando le manifestazioni cuta-

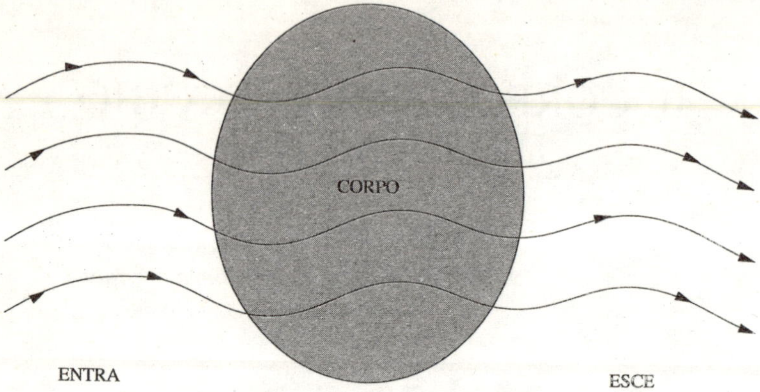

L'energia deve scorrere

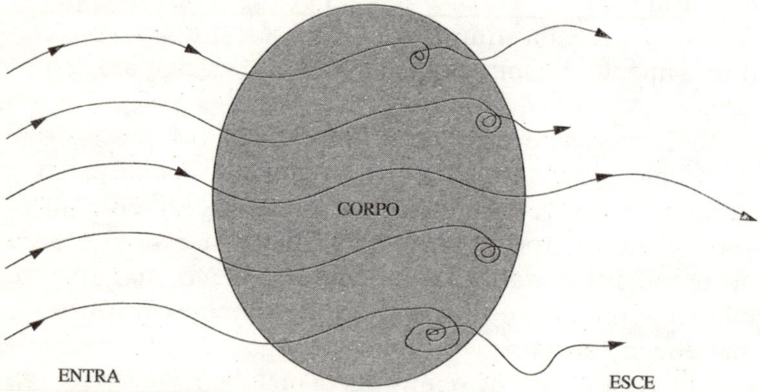

La nostra energia (i nostri pensieri) influenza ogni cellula del nostro corpo. Se l'energia è recepita male, è trattenuta o se si cerca di bloccarla, si manifesta come stress, depressione, esperienze negative, somatizzazioni, cattiva respirazione, mal di testa, di schiena, di stomaco, eccetera.

nee, dalle tensioni del cuoio capelluto ai calli dei piedi.

Ne è esempio la "gobba di bisonte", cellulite che si localizza a livello della settima vertebra cervicale, associata ad un complesso di Edipo soffocato: entrando in relazione dinamica con il corpo da trattare, il massaggio può sciogliere queste somatizzazioni e liberare le emozioni associate.

Se la pelle registra il "vissuto" di una persona, le cicatrici cutanee lo memorizzano con ancora maggiore intensità, continuando ad emanare a volte spiacevoli messaggi a parti diverse del corpo, come, ad esempio, una vecchia cicatrice ad una gamba che causa forti dolori al torace. La Neuralterapia, anestetizzando temporaneamente l'informazione del dolore, può cancellarla dalla memoria biologica facendo scomparire definitivamente la sofferenza.

Internamente al corpo, l'energia può essere bloccata da atteggiamenti mentali e da pensieri ostili o negativi: ad esempio, una critica continua nei confronti di se stessi o degli altri spesso è causa di artrite; paure e tensioni (eccessivo stress) possono causare ulcere e perdita di capelli; i sensi di colpa creano dolori perché inconsciamente la persona vuole punirsi ed il risentimento somatizza l'energia in modi pericolosi per il corpo, fino ad essere causa di tumore.

L'antenna radiante

Ciascuno di noi possiede un tipo di energia che gli è propria e che irradia intorno a sé con i pensieri e le azioni: possiamo vederci come complesse antenne che comunicano in tutte le direzioni a molti livelli. Quindi non comunichiamo solo con la voce, ma emaniamo questa energia con i gesti, il corpo (il linguaggio del corpo), il modo di vestirci, i colori che scegliamo, le emozioni, i pensieri.

Comunichiamo con gli altri più a livelli inconsci che a livelli consci, formandoci opinioni e assumendo atteggiamenti verso altre persone a seconda di come recepiamo la loro energia (ad esempio, alcune volte pensiamo: "questa persona mi è antipatica", senza riuscire a capirne il motivo).

La nostra mente inconscia valuta costantemente l'informazione non verbale che riceviamo durante una conversazione. Nei contatti con le altre persone più della metà della nostra comunicazione è non verbale: questo linguaggio trasmette emozioni e sensazioni, rinforzando o indebolendo le affermazioni verbali.

In una conversazione misuriamo costantemente le altre persone dall'atteggiamento del corpo (più o meno aperto verso di noi), dalla distanza a cui si tengono, dalla posizione del capo, da come usano le mani, se le tengono ferme o gesticolano, dal modo in cui ci toccano, dalla mimica facciale (apertura o chiusura degli occhi, arricciamento del naso, corrugamento della fronte).

Ascoltiamo il tono della voce, se biascicano o infondono chiare risonanze a ciò che dicono, se le parole sono pronunciate a voce alta o bassa e che emozioni mostrano. Quando non si è sinceri con se stessi non si comunica con sé, e di conseguenza neanche col mondo; quando invece si parla con verità tutto il linguaggio del corpo è congruente: la voce è proiettata chiaramente, il tono è risonante, tutta la fisiologia del corpo è coerente, rafforzando la comunicazione.

Un'altra espressione della nostra energia che evidenzia le vibrazioni profonde della mente è la calligrafia, il nostro movimento grafico. Il modo in cui scriviamo rivela le ansie emotive ed affettive nascoste nel conscio e nell'inconscio, aiutando anche ad individuare potenziali disturbi fisici o predisposizioni artistiche e professionali.

Ad esempio la persona che soffre di asma, disturbo

tipico di una mente ansiosa, mostra una grafia soffocata, con le lettere addossate le une alle altre.

Una pressione debole della scrittura denota arrendevolezza alle situazioni di vita, mentre righe discendenti rivelano tendenze depressive, all'opposto delle righe ascendenti che denotano in genere un carattere ottimista ed estroverso. Lo studio della nostra grafia ci può quindi rivelare lati del carattere che, se non ci piacciono, possiamo cambiare modificando il tratto grafico che li rivela, lavorando su un aspetto alla volta per un migliore risultato.

L'informazione su chi siamo è emanata quindi a tantissimi livelli in tutti gli aspetti della vita, attirando tutto quello che ci accade: attiriamo i tipi di amicizie che abbiamo, il nostro partner di vita o del momento, i tipi di figli, di genitori, di lavoro, di casa che abbiamo, tutto.

È molto comune invece sentirci "vittime innocenti" per quanto accade nella nostra vita, per il lavoro che non ci piace, per il compagno, la compagna, i suoceri, i figli, le situazioni finanziarie, eccetera, che non ci sentiamo assolutamente "colpevoli" di avere attirato.

Questo rifiuto deriva sempre da un modo non reale di pensare: è certamente più comodo credere che le infelicità e le frustrazioni siano causate dagli altri; non possiamo accettare di assumerci la responsabilità delle nostre situazioni di vita, perché questo ci metterebbe di fronte alla scelta di subirle così come sono o di cambiarle migliorandole... il che, però, implica lavoro, e la nostra mente lo rifiuta, come rifiuta i cambiamenti.

Per esempio, la persona che si lamenta di essere circondata da pessimisti dai quali non riesce a sbarazzarsi deve accettare che è lei che li ha attirati e, se sceglie di cambiare, la sua energia cambia e quei pessimisti se ne andranno via a disturbare qualcun altro. Invece di ribellarci al pensiero che nostro il tipo di lavoro (che ci procura tante fru-

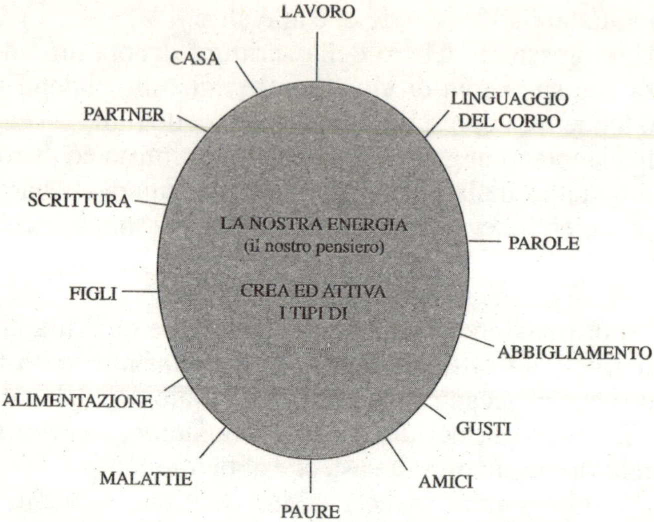

strazioni) è stato creato da noi, dovremmo domandarci per quali ragioni abbiamo finito per farlo ("Che cosa vi è da imparare da questa situazione?").

Un esempio drammatico di come siamo governati dalle energie che emaniamo viene da uno studio condotto in America alcuni anni fa su donne che avevano subito violenza: dai questionari esaminati risultò che l'80% di esse aveva subito molestie da bambina.

La spiegazione è che la violenza subita da bambini è assorbita dall'inconscio come paura; questa energia di paura viene irradiata ed attira situazioni che tendono a realizzare il pensiero inconscio; noi infatti emaniamo qualsiasi convinzione dell'inconscio ed essa richiama energia dello stesso tipo.

L'ordine del caos

Il nostro corpo emana energia in continuazione, vibrando e risuonando con la propria armonia o disarmonia interiore che viene trasmessa all'esterno. Questa vibrazione interna del nostro corpo non è, come si potrebbe pensare, tendente all'ordine, ma è governata dalle leggi matematiche del caos: non caos come "completa confusione", ma caos come disordine che cela al suo interno un ordine nascosto.

Questo comportamento del nostro corpo lo rende più adattabile ai continui cambiamenti esterni: per esempio, tra un battito cardiaco e l'altro vi sono sempre piccole differenze di intervallo che non sono casuali ma "caotiche", con un ordine nascosto.

La malattia e l'invecchiamento riducono queste variazioni: addirittura, in prossimità della morte il cuore assume un ritmo regolare come quello di un metronomo; buona salute è quindi variabilità e irregolarità, mentre l'uniformità di comportamento è segno di malattia.

Un altro esempio di irregolarità è l'attività del nostro orologio biologico interno che, come un direttore d'orchestra, impartisce il tempo a tutti gli organi e apparati del corpo: la secrezione degli ormoni, l'alternarsi del sonno e della veglia, l'appetito, eccetera.

Ebbene, questo orologio è sfasato rispetto al ciclo solare di 24 ore; infatti il suo periodo è di 25 ore e, sulla base di stimoli esterni, come il sorgere del sole, rimette in riga ogni giorno il ritmo interno.

Questa elasticità facilita il nostro rapporto con i cambiamenti esterni e ci consente di adattarci senza difficoltà alle variazioni stagionali della durata del giorno. In base a questo fatto si può regolare l'orologio interno di persone sottoposte a consistenti cambiamenti di abitudini di vita (come nel salto di fuso orario o nei lavori con turni notturni) sottoponendole a luci dell'intensità del sole durante il periodo in cui l'organismo si comporta come se fosse notte.

Questi esempi di variabilità e irregolarità ci mostrano come la natura segua la legge secondo la quale l'energia deve scorrere e, per farlo, deve essere in un permanente stato di leggero squilibrio. Invece di seguire l'esempio della natura, in noi vi è una tendenza ad opporci alla variabilità, al cambiamento: vogliamo che tutto sia regolare e regolato intorno a noi; non accettiamo facilmente nuove situazioni, ci affezioniamo alla nostra sedia, ai nostri oggetti, alla nostra routine.

Questo atteggiamento di rigidità blocca lo scorrere dell'energia e va contro le leggi di natura.

La spugna mentale

Quando nasciamo siamo "cervelli destri" e rimaniamo prevalentemente tali durante i primi anni di vita. Per questa ragione il bambino non afferra discorsi logici, non "vede" il mondo con la logica degli adulti, vive in un universo in cui non esistono i concetti di spazio e di tempo: gli devono essere insegnati e li apprende insieme all'uso del cervello sinistro.

L'emisfero della razionalità prende il sopravvento mediamente intorno all'età di 10-11 anni; nella primissima infanzia l'essere invece vive in un mondo sognante, di favole, dove tutto è possibile, dove tutto è sempre nuovo.

In questo "spazio" vi è un collegamento molto stretto tra l'individuo e l'energia dell'universo; il bambino è dunque in contatto con situazioni in cui vede folletti, fatine ed ha compagni di gioco "strani", che scompaiono quando la razionalità, il mondo adulto, prende il sopravvento ed elimina questa comunicazione.

Alla nascita abbiamo quindi una mente che non sa ancora come agire nel mondo degli adulti, deve ancora impararlo. Non siamo però totalmente come un foglio bianco, "tabula rasa": oltre a portarci dietro il "colore" della nostra energia di essere, fin dal momento del concepimento cominciamo ad essere influenzati, programmati.

È per questo che l'atteggiamento, il comportamento e l'energia della madre hanno una grande influenza sul nostro futuro modo di fare: essere estroversi o introversi, aggressivi o remissivi, ottimisti o pessimisti e così via dipende in gran parte da come abbiamo vissuto nel grembo materno.

Nella fase fetale siamo sì schermati verso l'esterno, ma non troppo, i nostri sensi sono già attivi benché in uno stato sonnolento; se una forte luce è proiettata sul grembo materno, muoviamo le mani per proteggerci gli occhi, se un forte suono è emesso, muoviamo le mani a coprirci le orecchie.

Quindi non nasciamo totalmente "bianchi", ma già con diverse colorature del nostro carattere, dateci dal vissuto prenatale e, appena nati, l'informazione comincia ad arrivare a fiotti, a fiumi, a valanga.

E come e dove arriva? Attraverso gli organi di percezione al cervello destro, sede del nostro inconscio, a for-

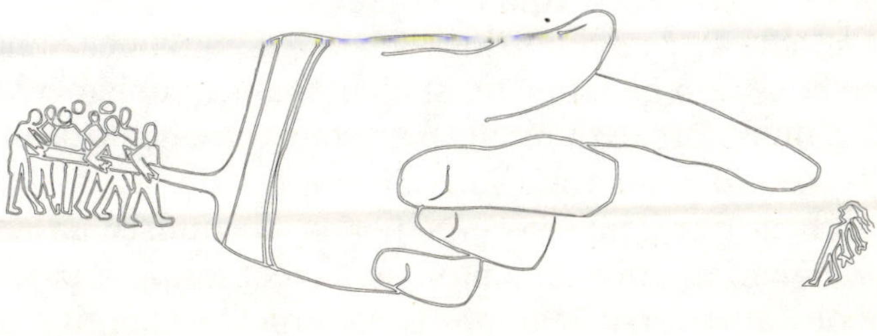

mare quel programma che ci farà comportare e reagire nei diversi modi a secondo delle situazioni della vita; in modo approssimativo potremmo descriverci come un biocomputer guidato dal suo programma, che è il nostro inconscio.

La pelle

Abbiamo cinque sensi fisici, quattro dei quali ammassati sulla testa mentre il quinto, il tatto, si estende per circa due metri quadrati su tutto il corpo: è quindi il sensore più vasto dei cinque.

La pelle è l'organo più grande del corpo. In continua crescita verso l'esterno, si disfa giornalmente del primo strato di superficie e si rinnova completamente ogni mese; mediamente un'alta percentuale della polvere casalinga è costituita da cellule cutanee morte; il corpo in movimento si disfa di circa centomila particelle giornalmente, comprendenti molecole organiche varie, scaglie cutanee ed altro, che ci fanno apparire come comete sciamanti ai nasi ipersensibili degli animali.

È per questa ragione che nei laboratori elettronici, sensibilissimi a contaminazioni esterne, si deve lavorare con il corpo totalmente coperto.

La pelle è il mezzo più antico di conversazione, è il canale più importante che l'uomo ha per comunicare; si può vivere senza udire o vedere, ma non senza toccare; è il modo in cui recepiamo il mondo.

Ciò che suscita attenzione, che crea comunicazione tra le persone non è il contatto statico, ma il cambiamento del modo di toccare, e di modi ce ne sono oltre quattrocento.

Durante i primissimi anni di vita il tatto è il senso più importante per il nostro corpo perché costituisce un canale privilegiato di collegamento con l'inconscio. La pelle è il veicolo attraverso il quale riceviamo la maggior parte delle informazioni: per il nostro futuro benessere psicofisico questo canale deve essere attivato immediatamente dopo la nascita, così come abbiamo visto che è necessario, alcuni mesi più tardi, attivare i neuroni preposti al parlare e al camminare.

Infatti, in parecchi studi condotti sia su umani che su primati, è stato confermato che, se i bambini appena nati non sono presi in braccio o non sono allattati al seno materno, se non vi è stato, in altre parole, sufficiente contatto di pelle tra l'adulto ed il bambino, quando questi diventerà grande avrà problemi di adattamento sociale, come forte emotività, socievolezza repressa e mancanza di comunicazione con gli altri.

La realtà di questo problema è riconosciuta in molti ospedali ed ora si permette e s'incoraggia che i bambini nati prematuramente, e che perciò devono restare per giorni o settimane nell'incubatrice, siano allattati, cambiati o semplicemente cullati dalle loro madri.

Un altro aspetto importante del tenere in braccio il neonato è la connessione che si crea tra il bambino ed il cervello destro dell'adulto, con il quale il bebè si sente più a suo agio ed armonizzato, essendo egli stesso "cervello destro". Questa armonizzazione tra i due emisferi avviene istintivamente e naturalmente quando gli adulti, umani o anche primati, tengono il neonato a contatto della parte sinistra del corpo, parte che è collegata all'emisfero destro; questo vale anche per un adulto mancino. Un terzo aspetto del tenere in braccio il bambino è che, quando lo si fa per calmare il suo pianto, il bebè assume il ritmo di respirazione dell'adulto.

Da bambini dunque riceviamo la maggior parte delle informazioni dall'esterno attraverso la pelle: questo vuol dire che, ad esempio, non è necessario capire il significato della parola "buio" per assorbire nell'inconscio la paura del buio dai genitori, dai parenti o dal dottore, qualora essi stessi abbiano questa paura.

Da bambini non abbiamo certamente le protezioni, lo scetticismo, le schermature che acquisiamo da adulti attraverso il cervello sinistro. Nei confronti dell'informazione che ci viene trasmessa a quella età siamo come spugne che assorbono tutto: utile o no che sia al nostro benessere noi l'assorbiamo, mandandola nell'inconscio a creare il programma che ci farà comportare nel modo in cui ci stiamo comportando anche in questo momento.

Il tocco, dunque, è molto efficace per programmare l'inconscio o ancorare su di noi il problema di altre persone; specialmente le prime sei settimane dalla nascita sono molto importanti per la programmazione della giovane mente a causa del contatto fisico continuo con i genitori; come l'assenza del tocco può abbassare le difese immunitarie del neonato, così nel toccare il piccolo i genitori possono proiettare su di lui inconsciamente addirittura malattie ereditarie.

Benché in misura minore, anche da adulti possiamo ancora essere influenzati dal tocco degli altri: un abbraccio, un contatto, una stretta di mano, possono far riaffiorare al nostro conscio tutti i condizionamenti accumulati nell'inconscio; i nostri genitori possono far riemergere tutta la programmazione che ci hanno trasmesso ogni volta che ci abbracciano: è una buona occasione per diventarne coscienti e, se è il caso, riprendere le redini della propria vita.

La pelle come programmatore

Anche da adulti ci sono modi spiacevoli di essere programmati, ovvero influenzati, da altre persone: il medico o il dentista che, toccandoci, ci dicono quanto dovremo soffrire, la persona che ci abbraccia informandoci che ci vede stanchi o, toccandoci la fronte, ci avverte che ci trova pallidi (nessuna meraviglia se nel giro di qualche ora avremo 40 di febbre...), oppure la persona che ci tocca il naso esclamando: "Ti sta crescendo un bel foruncolo!" (ed immancabilmente il giorno dopo ne notiamo uno veramente pronunciato...).

Tutti questi sono esempi di programmazione neurolinguistica (NLP), che fanno riferimento alla possibilità di programmare una persona attraverso la parola ed il contatto fisico. Questo è quello che accade ai bambini: attraverso la NLP si attua la loro programmazione.

Negli esempi riferiti le persone non agiscono con malevolenza, ma le loro opinioni, la loro programmazione involontaria diviene effettiva ancorandosi su di noi attraverso la pelle. Fortunatamente queste possibili programmazioni negative si possono annullare sfruttando il meccanismo usato nella programmazione subliminale: un messaggio breve e veloce, un suono o un'immagine, che va dritto nell'inconscio.

Questo metodo, ora illegale, era usato, ad esempio, nei messaggi pubblicitari: un flash dell'immagine di un prodotto era proiettato, ripetuto tre volte per rafforzare il messaggio, in un modo talmente rapido da non essere notato dalla mente conscia, mentre l'inconscio, a cui niente sfugge, lo recepiva, provocando un improvviso desiderio di comprare il prodotto reclamizzato.

Alla stessa maniera un messaggio breve e veloce può essere recepito dalla nostra mente per non permettere ad una programmazione sgradevole di avere effetto.

Quindi potremo usare un suono, una parola ripetuta tre volte per eliminare il messaggio precedente; la parola potrebbe essere "cancella" (perciò si direbbe "cancella, cancella, cancella").

Questa parola ha il vantaggio di richiamare alla mente

le immagini rafforzative della pulitura (il cancellare) e dello sbarramento (il cancello).

Quando parleremo della visualizzazione, creazione di un'immagine mentale che vogliamo diventi realtà, metteremo in evidenza che la sua forza dipende dal coinvolgimento di quanti più sensi è possibile. Infatti più riusciamo ad usare i cinque sensi per le nostre immagini, più aiutiamo l'energia a posizionarsi, ad aggregarsi nella forma in cui la vogliamo per creare situazioni desiderate.

Nel caso del "cancella, cancella, cancella" abbiamo usato il suono; ovviamente è più efficace che pensare solamente la parola, perché l'emissione del suono attira e coinvolge più energia.

Per rendere ancora più concreta ed energetica la nostra azione, possiamo aggiungere al suono e all'immagine (il cancello) la gestualità; accennando tre volte il gesto di strofinare per toglier via qualcosa di indesiderato (come per eliminare delle briciole dalla manica), cancelliamo il tipo di energia lasciata dall'altra persona sul nostro corpo.

Oltre ai cinque sensi sono importanti anche il movimento e la gestualità per materializzare, fissare la forma pensiero.

Se non vi è coinvolgimento del corpo, del suo movimento nell'azione, la memoria dell'avvenimento non si può fissare in noi: questo è ciò che accade in gravi forme di apatia, dove la mente della persona osserva passivamente lo scorrere della vita senza registrare gli eventi.

Un altro esempio dell'importanza dei sensi nell'imprimere la memoria è l'efficacia della lettura ad alta voce di un brano che si vuole ricordare: ascoltarsi parlare, leggere sonoramente permette di ricordare il 30% in più di quanto accadrebbe con la lettura silenziosa.

Il placebo

Spesso ci si chiede se le tecniche di uso dell'energia, la visualizzazione, il coinvolgimento dei cinque sensi, la gestualità, il movimento, non siano altro che "placebo", suggestioni che creiamo, o che altri creano per noi, per ingannarci o illuderci: questi sono pensieri, dubbi del cervello sinistro, razionale, che tende a ridicolizzare ciò che è fuori della norma, "illogico", "assurdo", quello cioè che non fanno tutti.

Ma l'uso dell'energia è dominio dell'emisfero destro; è vero che vi è una specie di inganno, ma è nei confronti del nostro inconscio, che deve essere convinto, spesso contro la sua programmazione, che ciò che stiamo facendo è valido e vantaggioso per noi.

Per farlo dobbiamo parlargli il linguaggio dell'energia che, a livello fisico, coinvolge i cinque sensi e la gestualità.

Più "forte" è il coinvolgimento del corpo, migliore sarà il risultato: il modo in cui il "placebo" influenza la nostra energia è proporzionale alla fisicità del contatto; uno sciroppo è quindi meno efficace di una supposta e questa è meno efficace di un'iniezione.

I guaritori aumentano l'"effetto placebo" del loro intervento con l'uso di gesti e scenografie rituali destinati a colpire l'immaginazione e a dare fiducia; è ciò che fanno ad esempio i guaritori islamici facendo bere al malato l'acqua nella quale lavano le invocazioni ad Allah scritte in gesso su tavolette.

La mano

Ci capita spesso di stringere la mano a qualcuno automaticamente e con noncuranza: si tratta invece di un gesto molto importante, essendo profondamente rivelatore della nostra energia e del nostro modo di essere. A meno che non si sia, o non si diventi, compagni di vita con questa persona, il contatto pelle a pelle della stretta di mano è il più intimo che potremo avere con lei, scoprendo molto dettagliatamente le nostre energie.

Una stretta di mano mostra se si è aggressivi, remissivi, insicuri, semplici, complessi, sinceri, affidabili, eccetera. Come ci si fa un'idea di una persona, vedendola per la prima volta, dal suo linguaggio del corpo, dal portamento, dagli occhi, dalla voce, dall'abbigliamento ed altro, così è importante la prima stretta di mano.

In entrambi i casi la mente si crea delle opinioni (perlopiù inconsce) analizzando l'energia dell'individuo, opinioni che influiranno sul futuro rapporto: un intero libro su "come" è una persona è stato scritto in pochi secondi.

In una stretta di mano vi è il contatto delle palme (il palmo concavo denota mancanza di comunicazione) e l'uso delle cinque dita che si avvolgono attorno all'altra mano (chi porge solo le dita mostra insicurezza ed estrema diffidenza); la stretta deve essere ferma e decisa nella giusta misura.

Il gesto più importante in una stretta di mano si compie con gli occhi: vi deve essere il contatto visivo, anche solo per una frazione di secondo; in quell'attimo, attraverso il contatto visivo e tattile, noi entriamo in armonia con l'altro, "siamo" con l'essere. Questo è il modo più efficace di armonizzarci con l'energia dell'individuo con cui ci troviamo, cosa che possiamo ulteriormente rafforzare visualizzando un flusso di amicizia e di calore che scorre da noi all'altro.

Essendo un tipo di programmazione neurolinguistica possiamo pure, se la situazione lo permette, dire qualcosa di cordiale, di amichevole, e soprattutto di sincero, durante la stretta di mano: "Che bei capelli...", "Hai un bel colorito...", "Mi piacciono i colori che indossi...". Un commento usato dalle donne è: "Che bella cravatta ha, l'ha scelta Lei?", lasciando così un ricordo piacevole nell'interlocutore.

Tutti questi commenti, per via del contatto tattile, si trasferiscono nell'inconscio; anche a distanza di anni una stretta di mano dello stesso tipo (posizione delle dita, pressione, eccetera) potrà richiamare alla mente l'apprezzamento ricevuto.

I denti di lumaca

È stato molto facile per l'ambiente accedere all'inconscio del bambino e programmarlo, costruendo il suo modo di essere e di comportarsi da adulto. Anche l'adulto può continuare ad essere influenzato nel suo inconscio, come gli esempi e le descrizioni precedenti indicano.

Vi sono molti modi che inducono la nostra mente ad "andare destra" e ad aprire così l'accesso all'inconscio: ad esempio un rumore forte e inatteso, come un contenitore di vetro che si infrange sul pavimento, o uno sparo, o anche un secco battito di mani, possono determinare quest'apertura che dura non più di un secondo.

Un altro metodo più divertente (ma più pericoloso, in quanto se usato in modi non corretti è illegale) è conosciuto in America come la tecnica del "Pig Lipping", letteralmente "delle labbra di porco". Funziona così: un cliente si siede in un ristorante e, quando il cameriere arriva per l'ordinazione, con voce monotona dice: "Portatemi una bistecca, un'insalata, denti di lumaca, si dimentichi il conto, un caffè ed un gelato".

Ora, la ragione per cui abbiamo familiarità con cose, oggetti, situazioni e sappiamo come comportarci nei diversi casi, nelle diverse circostanze, è che abbiamo già nei nostri "schedari" la memoria di quelle cose.

Perciò, quando il cameriere sente "bistecca", sa che si tratta di una fetta di carne che si cucina e si mangia, sa che l'insalata è quel tipo di verdura che si condisce; quando sente "denti di lumaca" (ogni frase strana potrebbe funzionare: "denti di gallina", "labbra di porco", eccetera), è disturbato non tanto perché le lumache non hanno denti, ma perché il concetto è totalmente fuori contesto, non appartiene alla conversazione.

In un tempo velocissimo la mente del cameriere cerca nelle schede della memoria una situazione simile per renderla razionale, non la trova ed il cervello sinistro, che stava funzionando bene fino a quel momento, travolto da richieste a cui non riesce a trovare soluzione, va temporaneamente "in tilt", passando il controllo al cervello destro.

Nella profondità dell'emisfero destro l'inconscio si apre per meno di un secondo, ed è allora che il cliente con tono cadenzato dice: "Si dimentichi il conto", continuando poi ad ordinare i cibi usuali. Questa tecnica, senz'altro illegale, non funziona sempre perché, oltre a richiedere una pronuncia con una certa cadenza (e la lingua inglese ben si presta), vi è sempre nel ristorante qualcuno che, non avendo udito la strana frase, nota un cliente che sguscia via senza pagare il conto...

(Rimanendo entro i limiti della liceità, questa tecnica può essere usata efficacemente dalle madri per far sì che i loro figli eseguano compiti a casa, riordinino la stanza, eccetera).

L'esempio del ristorante è il tipico uso di una conoscenza per uno scopo personale egoistico: il sapere di per sé non è cattivo, ma è l'uso che se ne fa che lo rende tale.

Infatti la stessa tecnica è in corso di sperimentazione in operazioni di soccorso stradale: l'ambulanza arriva sul luogo dell'incidente e trova il ferito ancora cosciente che sta perdendo sangue. Il paramedico si accosta al ferito e lo tocca dicendogli: "Sta tranquillo, va tutto bene, labbra di gallina, smetti di perdere sangue, tra breve starai molto meglio". E la persona, inconsciamente programmata ad arrestare l'emorragia, smette di perdere sangue.

La potenza dell'onda Teta

Abbiamo visto in precedenza che "andare a destra" rispetto al cervello indica un rallentamento dell'attività di pensiero e quindi dell'attività elettrica (stati Alfa e Teta). Essere in Alfa è necessario per ricevere informazioni psichiche, raggiungere Teta (con ulteriore rilassamento) pone mente e corpo in diretta comunicazione con il proprio corpo di energia e con le energie esterne.

Alcuni studi condotti dall'Associazione Medica Americana hanno rilevato che un paziente può guarire più velocemente restando anche solo due minuti al giorno in ritmo Teta.

Se vogliamo funzionare di più ai livelli Alfa e Teta, dobbiamo essere consci dell'energia della gente intorno a noi, dobbiamo vedere tutto come energia. In Teta i canali di energia si aprono e l'interscambio con l'esterno, e quindi anche con le altre persone, è molto più efficace. È necessario esercitare una grande responsabilità in questa condizione, perché è molto più facile influenzare gli altri. La regola è: in Teta non interferire mai con il piano di vita di altre persone.

Mandare energia all'esterno o recepirla funziona in Teta, non in Alfa: questa è la condizione del pranoterapeuta. (Un buon pranoterapeuta usa sempre l'energia esterna a sé, non la propria, e sa quale sta usando dal numero di sedute che può fare al giorno; se può farne poche perché rapidamente si sente a corto d'energia, vuol dire che sta usando la propria).

Tutte le esperienze extrasensoriali, le manifestazioni paranormali, illogiche, non spiegabili, tutti i miracoli e le guarigioni inattese avvengono sempre in questa condizione: quando si accede all'energia universale tutto è possibile, dato che ce n'è abbastanza perché ciò avvenga, che si tratti di curare il corpo o di camminare sull'acqua.

Si possono leggere sui giornali episodi apparentemente inspiegabili, come quello di un'esile madre che solleva una macchina pesantissima per liberare il figlio intrappolato sotto di essa: paradossalmente, ciò che rende l'atto possibile è il voler fare un'azione impossibile.

Come nell'esempio del ristorante, la mente razionale, non potendo trovare una soluzione al problema (il figlio intrappolato), va temporaneamente "in tilt", passando il controllo al cervello destro che collega la persona ai canali di energia esterni, dando alla madre la forza necessaria per liberare il piccolo.

Questo è naturalmente ciò che accade quando si ha fiducia, ci si affida alle mani di Dio: la credenza religiosa è uno stimolo potentissimo per aprire questi canali.

Anche stimoli sonori hanno la capacità di portare la mente in Teta: un suono cadenzato con intervalli di circa due secondi e mezzo può farlo, come certe campane tibetane suonate con questi intervalli, o dei mantra (suoni vocali particolari), o canti religiosi indiani con armoniche di questa lunghezza sonora, o anche certi ritmi tribali con tamburi.

La risata che guarisce

Un modo letteralmente divertente per andare in Teta è farsi una bella risata. Ridere vuol dire lavorare col cervello destro; infatti, per scoprire se una persona è bloccata a livello del cervello sinistro, confinata nel rimuginare e nel criticare, basta notare se riesce o meno a ridere. Biologicamente gli effetti benefici della risata sull'organismo sono paragonabili a quelli provocati dall'esercizio fisico, con un abbassamento della pressione arteriosa ed una diminuzione della frequenza respiratoria e del battito cardiaco: addirittura il senso dell'umorismo stimola il sistema immunitario.

È per questa ragione che alcuni ospedali americani hanno installato televisori che proiettano esclusivamente films comici: un metodo di cura che ha reso famoso un americano di nome Norman Cousins, egli stesso affetto da osteomielite, una malattia che comporta lo scollamento tra le ossa ed i muscoli ad esse attaccati. Per questa malattia non vi sono rimedi efficaci ed è molto dolorosa, con progressivo peggioramento che può portare alla tetraplegia ed alla morte.

E proprio questo stava accadendo a Norman Cousins; tutte le cure tentate non davano alcun sollievo ed il corpo continuava a deteriorarsi. Così decise di cambiare strada: si fece dare in prestito videocassette con i films di Charlot, Ridolini, Buster Keaton, Stanlio e Ollio e per tre mesi si chiuse in una camera d'albergo dove si sottopose a dosi massicce di risate. E guarì. Scrisse poi un libro sulla sua guarigione ed ora è un conferenziere molto richiesto da varie scuole di medicina americane.

In questo caso, come in tutti gli altri, il "miracolo" prima avviene internamente alla persona. Oltre alla tecnica usata, che è efficace, è l'osare, il buttarsi, il credere in se stessi e nelle proprie possibilità che è importante; aprirsi alla possibilità che ciò che desideriamo possa accedere, che noi possiamo realizzare il cambiamento, che possiamo vincere, è la condizione che crea il miracolo.

In questa luce la tecnica diventa il "placebo", perché inconsciamente abbiamo già vinto prima di cominciare.

Dottor animale

Abbiamo detto che i bambini lavorano con il cervello destro mediamente fino all'età di 10-11 anni; un animale invece è in quello "spazio" per tutta la vita, e quindi è in condizione di essere in collegamento continuo con energie con cui noi entriamo in contatto solo in situazioni particolari.

Questo li rende più aperti alle nostre energie, specialmente alle nostre emozioni e paure: è per questa ragione che il cane morde solo chi ha timore di lui o che una fiera, di un gruppo di persone, attacca quelle più spaventate.

Nell'ambiente domestico l'animale è come lo specchio emozionale del padrone, assorbendo e riflettendo tutte le emozioni della casa e somatizzandole anche a livello di malattie. Uno studio ha rivelato una grande incidenza di tumori negli animali domestici ed addomesticati; lo studio ha messo in evidenza che anche gli animali selvatici sono soggetti a queste malattie, anche se in misura inferiore.

Ed è ovvio poiché la natura, dal punto di vista dell'animale, non è quel luogo idilliaco ed armonioso che l'uomo romanticamente crede che sia, ma un ambiente altamente stressante dove, appunto, oltre a procacciarsi il cibo quotidiano, deve anche mantenersi costantemente allerta per non diventare cibo a sua volta. E questo lascia il segno.

Il tipo di collegamento uomo-animale è stato messo in evidenza in un esperimento in cui si sono studiati due gruppi misti di animali domestici (cani e gatti) con gli stessi tipi di malattia.

Il primo gruppo è stato curato normalmente, con i medicinali appropriati al tipo di malattia, mentre al secondo gruppo è stato somministrato un "placebo", una sostanza inerte ed innocua, dicendo però ai rispettivi proprietari che era stata somministrata una medicina nuova, più efficace, che avrebbe guarito molto rapidamente l'animale.

E i componenti del secondo gruppo sono guariti nella stessa misura e cogli stessi tempi di quelli del primo.

Ora, è evidente che l'animale non capisce e non gli importa di che cosa sia un "placebo": è il padrone che trasmette il suo convincimento all'animale, il quale l'assorbe, lo somatizza beneficamente e guarisce.

Le qualità del cervello destro, l'assenza di giudizio, di rancore o di recriminazione, l'accettare le situazioni così come sono, sono caratteristichc chc rendono gli animali compagni piacevoli e rilassanti per l'uomo, che si sente con loro "scaricato" delle sue tensioni, accettato così com'è; il che non avviene sempre con i suoi simili.

Queste qualità degli animali cominciano ad essere usate non solo per tenere compagnia alle persone, ma anche per curarle. In alcuni ospedali canadesi si possono vedere cani e gatti lindi e puliti che girovagano per le stanze portando la loro energia ai ricoverati, essendo considerati come un tipo di medicina aggiuntiva che predispone più velocemente il corpo alla guarigione.

Tecnica per regolare l'orologio biologico

Si può regolare l'orologio interno di persone sottoposte a pesanti cambiamenti di ritmo della vita corporea, come il "jet lag" (ovvero le conseguenze di frequenti salti di fuso orario) o turni notturni di lavoro, sottoponendole a forti luci, dell'intensità del sole, durante il periodo in cui l'organismo si comporta come se fosse notte. Nel caso del "jet lag" si espone la persona alla luce del sole nel luogo in cui si trova; per i lavoratori notturni si usano invece luci intense (al quarzo, per esempio) sul posto di lavoro.

Tecnica del "Cancella, cancella, cancella"

Per eliminare una frase sgradevole o negativa pronunciata da noi o da altri, e che potrebbe influenzarci negativamente o diventare parte di una programmazione deleteria per il nostro benessere, diciamo la parola "cancella" per tre volte, accompagnandola con il gesto di pulire l'energia nell'area in cui potremmo essere stati eventualmente toccati quando la frase è stata formulata.

* * *

I PENSIERI DELLA MENTE

Non c'è via per la felicità,
la felicità è la via.
Wayne Dyer

Benché usati scambievolmente nella conversazione quotidiana, cervello e mente sono in realtà due termini molto diversi: il cervello ha una forma, è quindi energia fisica, è localizzato dentro la testa e, al momento della nascita è già tutto presente, completo, come sono già presenti le gambe, le braccia e qualsiasi altra parte del corpo. La mente è invece energia non visibile, mentale appunto, che non è ancora presente al momento della nascita: vi sono una struttura cerebrale e delle impressioni acquisite durante la vita fetale, vi è il nostro tipo di energia, la nostra personalità, che "tingerà" del nostro colore tutto quello che impareremo, ma non vi è ancora il programma che ci farà agire e reagire alle diverse situazioni secondo ciò che avremo imparato.

Paragonandoli ad un computer, il cervello è la struttura (lamiera, fili, transistors) e la mente è il programma che vi sarà introdotto e che non è stato ancora acquisito dall'ambiente in cui la persona viene alla luce. Ben più importante della mente è il nostro Sé, il nostro essere, la nostra fiamma interiore che, per continuare a raffinarsi ed a splendere sempre più vivida, ha bisogno della mente. Il grande errore, la trappola fatale, in cui l'uomo cade a mano a mano che la mente si forma, è identificare il pro-

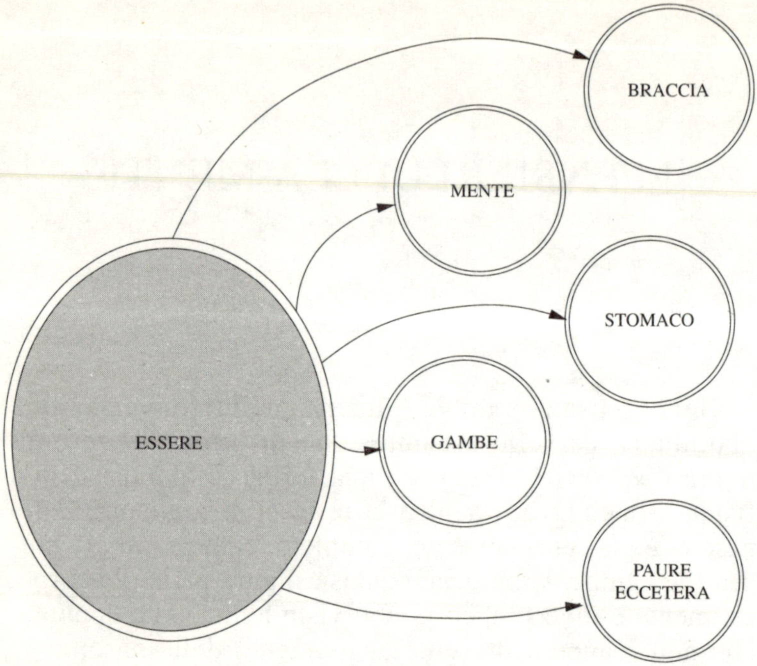

L'essere spesso si identifica con il suo corpo o il suo modo di pensare

prio essere con il funzionamento della propria mente.

Così se la mente ha pensieri di tristezza l'essere è triste, se in un incidente di macchina il parafango si ammacca l'essere diventa un parafango ammaccato, eccetera. L'ego dell'uomo inizia quand'egli incomincia a credere di essere il suo punto di vista; poiché la mente considera essenziale sopravvivere a quelle esperienze che contraddicono il suo punto di vista, cerca, attira e si mette in situazioni di vita che lo rinforzino e lo convalidino. A qualunque costo. Così, per esempio, se abbiamo poca stima di noi stessi continuiamo a creare o ad attirare situazioni (fallimenti sentimentali, professionali, eccetera) che rinforzino il nostro punto di vista: "Vedi, te l'avevo detto io!", "Eh, lo sapevo prima di cominciare!".

Lo spazio della mente

La mente non è localizzata come il cervello: è ovunque voglia arrivare, là dove il conscio la porta. Notate le menti dei bambini, o quelle degli innamorati, in quale dimensione sono.

Notate la facilità con cui possiamo pensare di essere sdraiati su un letto, al mare ad abbronzarci o a comperare frutta ad una bancarella: tutto questo accade perché abbiamo esperienze passate, perché abbiamo un programma.

Alla nascita questo programma non esiste ancora e perciò la mente non è ancora presente: si forma raccogliendo informazioni dai genitori, dai parenti, dall'ambiente, cosicché impariamo a pensare, a parlare, a camminare.

Circa l'80% delle basi di questa programmazione si forma nei primi tre anni di vita, molto prima che l'individuo sia abbastanza consapevole per distinguere le idee, i pensieri, le informazioni utili da quelle dannose al proprio benessere: così accade che diventiamo pessimisti o ottimisti, timidi o intraprendenti, sicuri o insicuri.

L'uomo non nasce né buono né cattivo, lo diventa, così come la nostra idea di ciò che è bello o brutto viene dal modo in cui ci hanno insegnato a pensare.

L'ambiente in cui cresciamo ci fornisce le nostre opinioni sulla religione, l'economia, il razzismo, le persone, tutto; il lavaggio del cervello avviene in tenera età, facendoci comportare il più delle volte in modo automatico, schiacciando a seconda della situazione un bottone immaginario che dice: "entra in collera", "rattristati", "ridi", eccetera.

SISTEMA DIGERENTE

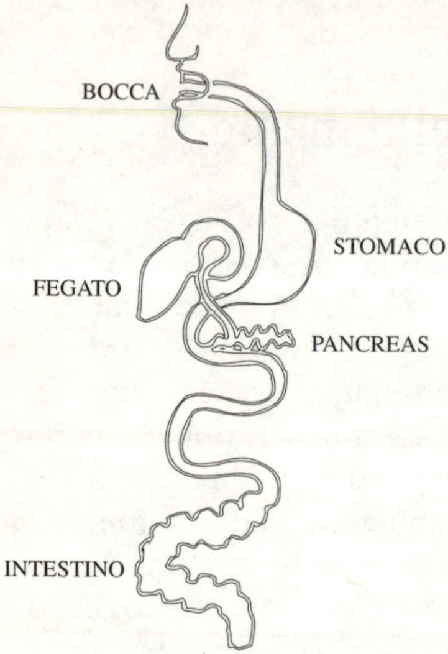

SISTEMA RESPIRATORIO

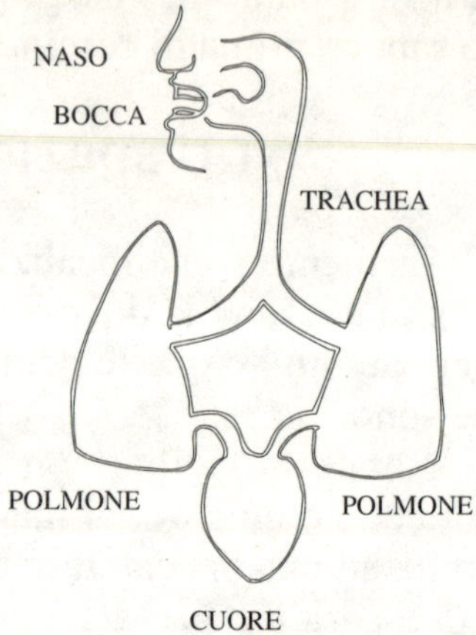

SISTEMA NEVROTICO

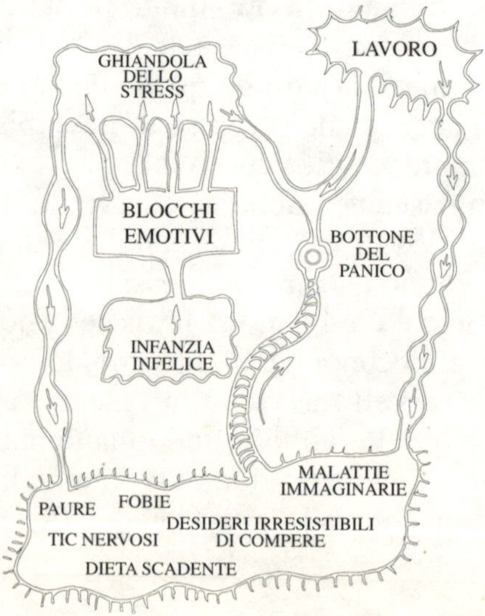

Il corpo-mente

La mente è una forma di energia che ha potere totale sul corpo; abbiamo già visto che i nostri pensieri ed emozioni agiscono su ogni singola cellula del corpo, manifestandosi, se repressi o insistenti, come sensazioni di peso o di dolore.

L'insieme corpo-mente può essere considerato un'unione inseparabile in cui il corpo è lo specchio della mente: questo fa sì che si possa "leggere" il vissuto di una persona osservando l'impronta mentale lasciata sul corpo. Ciò che rimane bloccato nel corpo non è la memoria di quello che è successo, bensì l'energia emozionale legata al fatto; in una situazione ideale vi dovrebbe essere il ricordo senza l'emozione associata ad esso.

Il nostro essere, il nostro corpo e la nostra mente sono in continua evoluzione; più l'evoluzione procede, più l'energia del nostro pensiero entra in sintonia con il nostro corpo e più riesce ad influenzarlo in maniera facile e diretta. È ovvio che la persona convinta che vivere significhi solamente godersi la vita con i cinque sensi, influenza le sue energie sottili meno di colui che pensa che il suo essere abiti solo temporaneamente questo veicolo.

Alcuni studi fatti in Australia hanno confermato che i depressi e i pessimisti sono molto più predisposti delle persone allegre e ottimiste ad ammalarsi di malattie anche gravi, convalidando così l'affermazione che i nostri pensieri sono capaci di innalzare o abbassare il nostro livello immunologico. Più ci evolviamo, e quindi più innalziamo il nostro livello di vibrazione, più diventa necessario sbarazzarci dei pensieri negativi, perché più pericolosi si fanno per il nostro corpo.

Il pensiero è anche capace di rallentare e rimandare la morte del corpo, e questo non è solo valido per i santoni, ma anche per la gente comune, per noi tutti. Uno studio su persone anziane di etnia cinese ed ebraica ha evidenziato una diminuzione di morti per vecchiaia di circa il 25% immediatamente prima di feste popolari, come il Nuovo Anno Cinese o Hanukah, per poi aumentare per un periodo dopo le festività.

Semplificando, si potrebbe dire che queste persone abbiano pensato:"Oh, beh, prima mi godo questa festa a cui tengo, poi forse muoio...".

Può nascere spontanea la solita domanda: "Se la mente influenza il corpo in questo modo, dov'è il limite?" La risposta naturalmente è: "Il limite è nel nostro modo di pensare e di volere."

La villa dei nostri sogni

Il fatto è che il nostro comportamento e le nostre abitudini derivano dal programma acquisito da bambini, che tuttora ci muove: non siamo nati con la paura del buio, con le nostre insicurezze, le abbiamo acquisite; non siamo nati infelici, abbiamo imparato ad esserlo; questa non è una valle di lacrime, abbiamo appreso a vederla così ed a comportarci di conseguenza.

Paradossalmente, poi, difendiamo certi nostri modi di comportarci anche quando non ci piacciono e ci fanno star male, proteggendo strenuamente atteggiamenti che ci hanno trasmesso altri.

È come se fossimo nati in un bellissimo palazzo, o in una bellissima villa, costruiti proprio come li volevamo noi, con le stanze, le finestre, il giardino, le fontane di nostro totale gradimento.

Poi arriva qualcuno e dice: "Ah, qui non mi piace, ci metto un muro"; arriva un altro e dice: "Qui ci voglio un cancello e chiudo quella porta a chiave", un altro dice: "In

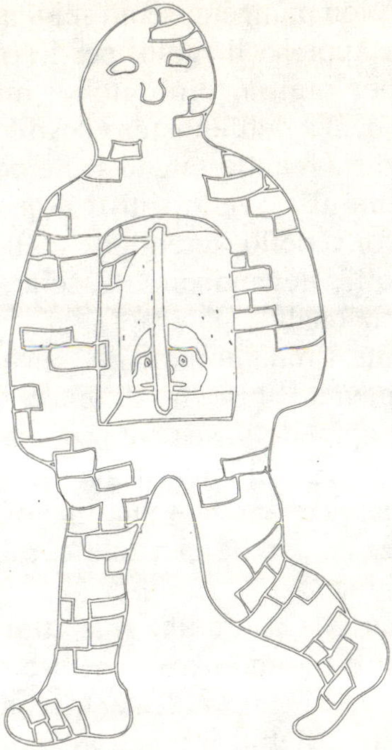

quest'angolo del giardino starà benissimo un po' di asfalto", cosicché rapidamente questa bellissima costruzione, tutta nostra, riflette i gusti di tutti gli altri.

È in questa maniera, più o meno, che noi acquisiamo il comportamento di altre persone alle quali finiamo per assomigliare; sentiamo che il modo in cui ci comportiamo non è nostro veramente, ma non riusciamo a liberarci, costretti come siamo nella camicia di forza mentale che è il nostro comportamento, e viviamo una realtà di vita di qualcun altro.

I ruoli uomo-donna vengono appresi nella stessa maniera. Per la donna la programmazione tipica potrebbe essere: "Non salire sull'albero, se no sembri un maschiaccio", e per l'uomo: "Non piangere, se no sei una femminuccia".

Dopo aver appreso il ruolo, per l'uomo è più difficile liberarsene per ragioni biologiche: mentre la donna si serve in prevalenza dell'emisfero destro, ed è quindi incline naturalmente a manifestare le sue emozioni, l'uomo usa prevalentemente il cervello sinistro, quello logico, calandosi con più forza nello stereotipo "gli uomini che piangono sono deboli", negandosi il "lasciarsi andare" a certe emozioni "irrazionali".

Solo durante l'innamoramento, per un breve periodo, l'uomo sperimenta il bisogno di tenerezza già conosciuto con la madre, aprendo la sua corazza emotiva e ritrovando la felicità perduta di allora. L'ironia (in questo caso) è che per l'uomo piangere sarebbe una manifestazione di forza, non di debolezza, perché ci vuole coraggio per vincere i propri schemi mentali.

Per insegnarci la paura una frase tipica è: "Mangia, se no faccio venire l'uomo nero", mentre per farci imparare la "debolezze fisica" la classica è, toccandoci per rinforzare il messaggio: "Mettiti il maglioncino, se no ti viene un accidente".

Ovviamente le persone che ci hanno insegnato e ci insegnano quei comportamenti non ci vogliono male, anzi: "L'ho fatto per il tuo bene!", ma è anche ovvio che l'hanno fatto secondo il loro concetto e la loro opinione su che cosa sia "bene".

E così viviamo secondo gli insegnamenti che abbiamo ricevuto, rivivendo situazioni imparate nei primi anni di vita: quante volte, ad esempio, abbiamo incontrato compagni, insegnanti o dirigenti che erano proprio come nostro padre o nostra madre, e ci siamo fatti trattare esattamente come loro ci avevano trattato. Ora però è venuto il momento di riappropriarci della nostra villa, di ritornare ad essere chi siamo veramente, che è anche il nostro solo vero compito qui: qualcosa dev'essere cambiato, ma per cambiare qualcosa prima bisogna capirlo, e noi stiamo senz'altro cominciando a capire il funzionamento della nostra mente e del nostro inconscio, dove risiede la programmazione, notando che più si comprendono e si usano i meccanismi mentali, più efficace diventa ogni tipo di attività e atteggiamento umano e migliore è il risultato.

La potenza dell'inconscio

Il nostro modo di pensare non è l'unico e non è scolpito nella dura roccia, ma è solamente uno dei tanti possibili, equivalenti, che può essere cambiato se noi lo vogliamo; questa scoperta è paragonabile all'invenzione della ruota o del transistor come impatto sociale sul modo in cui sta cambiando e cambierà il pianeta: stiamo entrando in un'era in cui l'uomo comincia ad influenzare la mente ed il corpo consciamente, in cui stiamo riprendendo i controlli dell'"astronave"; il sentirsi bene come individui contribuirà immensamente al benessere della società.

Il nostro obiettivo non è di cambiare tutto il nostro modo di pensare e di essere, ma solamente le abitudini e i punti di vista che non ci piacciono, di qualsiasi origine essi siano: tutto quello che ci piace di noi lo vogliamo mantenere, non ci interessa chi ce l'ha trasmesso, se zio Giuseppe o il maestro di prima elementare, ricordandoci che cambiare vuol anche dire accettare il passato; liberarsi del passato vuol dire accettarlo.

È importante tenere a mente che ogni cosa a cui crediamo inconsciamente prima o poi si manifesta, perciò è bene stare attenti a quello che diciamo (il nostro inconscio prende tutto alla lettera...)

Per esempio James Fixx, il divulgatore della corsa rilassante (lo jogging), una persona molto sana e sportiva, in un'intervista aveva affermato che "gli attacchi di cuore sono un male di famiglia", dopodiché realizzò egli stesso quella programmazione con un fatale attacco di cuore a quarant'anni. Le convinzioni del subconscio sono molto più potenti di ogni cosa in cui crediamo, o che crediamo di credere, a livello conscio; è il subconscio che emana la nostra energia, che guida la nostra vita.

Ad esempio, parlando di un bambino, un commento innocente potrebbe essere: "è proprio come lo zio Giuseppe!". Se questa frase è udita dal piccolo e diventa una programmazione del suo inconscio, che cosa potrebbe succedergli se il caro zio Giuseppe svaligiasse una banca? Forse il bambino avrebbe la forte tentazione di fare la stessa cosa, dato che si sente "proprio come lo zio Giuseppe!".

Il cesto della vita

Osserviamo quindi cosa c'è nel programma e, come primo passo, accettiamo quello che troviamo, dando spazio di esprimersi ai pensieri spiacevoli.

La regola è: se vogliamo cambiare qualche cosa, prima dobbiamo accettare che abbiamo questa cosa, poi possiamo cambiarla. Se abbiamo un problema, non serve a niente ignorarlo o spazzarlo sotto il tappeto: quest'azione lo farebbe solo ingigantire.

Otteniamo dalla vita le cose a cui più ci opponiamo. La resistenza a situazioni di vita fa persistere le situazioni: per risolverle dobbiamo sperimentarle; se sperimentiamo qualcosa totalmente questo scompare. Sperimentare un dolore fisico quale un mal di testa, o un'emozione sgradevole quale una depressione, li fa scomparire.

Sperimentare vuol dire notare, vivere, osservare tutto della cosa: per un mal di testa dovremo quindi definire localizzazione, dimensione, forma, ruvidezza, consistenza, colore, quantità e colore del liquido che potrebbe contenere se fosse un contenitore, tutti i dettagli possibili (vedere la tecnica alla fine del capitolo).

Non dobbiamo fare altro che lasciarci andare all'esperienza che stiamo vivendo, e che comunque sta già accadendo per conto suo, senza il nostro consenso: tanto vale non resisterle.

La resistenza a ciò che "già è" limita la nostra esperienza di vita, quello che possiamo essere: per molti di noi vivere vuol dire andare nel giardino della vita con un cesto e raccogliere solamente i frutti che piacciono; quando arriviamo ad un frutto che non ci piace non vogliamo metterlo nel cesto, "Non ci sta — diciamo — questo problema non mi piace" e tentiamo di passare oltre. Questo è sì vivere, ma nel mondo dei sogni; vivere la vita reale vuol dire vivere quello che è, non quello che era o quello che dovrebbe essere o quello che sarà.

Allora prendiamo un cesto più grande e mettiamoci dentro anche quanto non ci piace, accettando che anche quel problema sia parte della nostra vita e, se si presenta ancora qualcos'altro di sgradevole, usiamo un altro cesto grande abbastanza per farci stare anche questo. Così facendo scopriamo che c'è posto nella nostra vita per tutte le esperienze ed in questo modo il contrasto, il conflitto scompare.

Per eliminarlo possiamo iniziare sostituendo il nostro modo avversativo di esprimerci con il "ma" (come in "Questa cosa non mi piace, ma la devo fare") con un modo in cui i due poli siano entrambi "contenuti" nel pensare e nel parlare: "Questa cosa non mi piace e la devo fare", "Capisco il tuo atteggiamento e non sono d'accordo".

Sbarazzarsi dell'arcaico "ma" ci apre un nuovo universo di possibilità e di accettazione, perché permette di conglobare nella nostra esperienza di vita altre eventualità, non più contrapposte ma parallele.

Così facendo cominciamo a distinguere il nostro essere, chi siamo veramente, dalle reazioni della nostra mente, scoprendo che noi non siamo il nostro modo di pensare, che noi non siamo la nostra macchina mentale. Questo è il modo di vivere correttamente, mentre invece molti di noi veleggiano attraverso la vita "inconsci" per la maggior parte del tempo, non sentendosi "vivi", anzi accontentandosi di rimanere ad un livello di sopravvivenza. Dobbiamo cambiare il nostro atteggiamento da vittime della vita in creatori della nostra esistenza, accettando che in qualsiasi circostanza noi siamo i responsabili della sua qualità e che tutto quello che accade ci insegna sempre qualche cosa.

La potatura dell'albero

I sistemi di pensiero sono come i rami di un albero: potandoli essi dirigono la sua crescita e la sua forma.

Lo stesso accade con il nostro comportamento: potando i modi di fare distruttivi e sostituendoli con abitudini nuove e positive possiamo indirizzare la nostra crescita; possiamo diventare chi vogliamo essere, possiamo ritornare ad essere chi siamo sempre stati.

Per riprendere il controllo vogliamo rompere con i nostri ruoli, piangere o salire sugli alberi, ridere o deprimerci quando ne abbiamo voglia, evitare i pessimisti come la peste (è vero che dobbiamo lasciare spazio a tutti nella vita affinché anch'essi siano chi sono, ma poi siamo noi che decidiamo con chi associarci), osservare come pensano e funzionano le persone di successo, le persone che non si ammalano mai (è curioso che la nostra attenzione per la salute sia diretta principalmente al trattamento della malattia e non alla responsabilità individuale del proprio benessere), è soprattutto completare azioni ancora sospese, che ci ronzano per la testa, impedendoci di vivere nel presente (che sia la telefonata da fare, la lettera da scrivere "forse domani", le scuse da porgere per un nostro atteggiamento).

Va benissimo sfogarsi di tanto in tanto, lasciarsi andare, anche andare in collera, quello che non va è rimanere in questo stato; dobbiamo chiudere, concludere e proseguire. Non permettiamoci mai di andare a letto immusoniti, nutrendo rancore verso una persona nella nostra casa, forse nel nostro letto: meglio sarebbe non dormire per tre settimane.

Il risentimento e la non comunicazione sono come l'erbaccia: se si toglie subito appena spunta la si tira via con due dita, più la si lascia crescere più forza ci vuole per estirparla; dopo un po' non viene via neanche usando entrambe le mani.

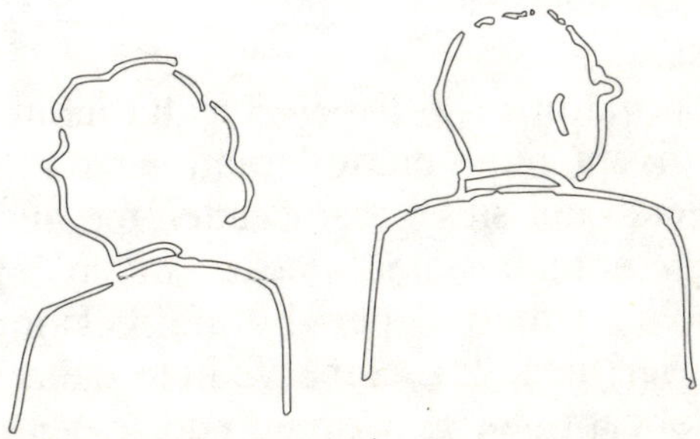

Il pensiero negativo

I nostri pensieri sono energie che, emanate, ne attirano altre dello stesso tipo: sono quindi i nostri pensieri dominanti che creano il nostro mondo, la nostra vita. Perciò, quando qualcosa è difficile da realizzare, è perché noi lo pensiamo così, frapponendo inconsciamente ogni genere di ostacoli sulla nostra strada per darci ragione.

Quando, invece, malgrado la nostra convinzione contraria, scopriamo che qualcosa si concretizza con facilità, è perché l'energia dell'avvenimento è superiore alla nostra; superando le nostre obiezioni conscie o inconscie l'evento deve "accadere", come un frutto maturo deve "muoversi", deve cadere. Da qui l'importanza di mettersi in sintonia con le energie esterne e di lasciarsi guidare dal loro scorrere.

Quindi, poiché i pensieri negativi mobilitano energie che creano ulteriori realtà negative, o che le mantengono e le alimentano se già esistono, possiamo rifiutarci di averli, così come, altre volte, ci siamo rifiutati di avere pensieri positivi su noi stessi. All'inizio, condizionati come siamo da anni di routine mentale, non ci è facile eliminare i pensieri negativi; come abbiamo già detto per il cambiamento di una situazione non gradita, il primo passo è accettare che la situazione esista e che ci riguardi, poi possiamo modificarla.

Noteremo allora che il pensiero ha molto meno presa su di noi, diventeremo più tolleranti verso i nostri pensieri e quindi verso noi stessi, ed accetteremo anche la grande scoperta che noi non siamo il nostro modo di pensare.

Vi sono vari metodi per diminuire l'importanza dei nostri pensieri negativi, come vedrete dalla lista parziale alla fine del capitolo; se neppure uno fa per voi, inventate il vostro. Come tutte le tecniche, anche queste funzionano solamente se si praticano.

Si possono considerare una ginnastica mentale, che ci aiuta ad acquisire controllo sul nostro modo di pensare: è come se volessimo sviluppare i muscoli ed andassimo in palestra per farlo; non ci verrebbe mai in mente di abbandonare il programma dopo la prima seduta, delusi perché non ci sono ancora risultati. Allo stesso modo è necessario continuare a praticare queste tecniche mentali per ottenere risultati apprezzabili.

La parola

La parola è un tipo di energia ancora più potente del pensiero, perché è pensiero con in più l'energia del suono; è importante quindi prestare attenzione non solo ai pensieri che provengono dal nostro programma, dal nostro modo di pensare, ma anche al nostro modo di esprimerci (eliminando quelle parole e frasi fatte che usiamo automaticamente durante la giornata) che fa sì che emaniamo un'energia debole, imprecisa o dannosa al nostro benessere mentale.

Ciò che abbiamo dalla vita dipende da come ci esprimiamo e da cosa diciamo: la stessa energia che emaniamo ci ritorna. Ogni giorno usiamo dei "clichés" per esprimere il nostro stato d'animo; essi provengono dal subconscio e sono ascoltati dal subconscio, che reagisce emanando il tipo di energia necessario ad esaudire le nostre affermazioni. Ascoltiamo dunque le parole e le frasi che usiamo nei messaggi che inviamo a noi stessi e agli altri, notando che spesso, nel nostro modo di esprimerci, mettiamo in evidenza più ciò che non vogliamo che ciò che vogliamo, usando parole che continuano ad alimentare nelle nostre menti i sensi di colpa verso il passato o a nutrire le paure verso il futuro.

Qui di seguito vi è una lista di termini che dannosamente ci aiutano a mantenere abitudini di pensiero che vorremmo invece cambiare: eliminateli appena si presentano, visualizzando di riporli in un sacchetto e sotterrandolo, oppure usando il metodo del "cancella, cancella, cancella". Ricordatevi che i nostri limiti ci fanno vedere la realtà con gli stessi limiti.

impossibile	dovrei	limite	però...
difficile	devo	se solo...	dubbio
non posso	cerco	ma...	colpa di...

E inoltre eliminate:

- parole usate al diminutivo che riflettono un modo piccolo di pensare, come attimino, momentino, pochino, vestitino, e così via;
- ogni parola che impone un ruolo a noi o agli altri;
- ogni parola che misura o valuta noi o gli altri;
- ogni parola che tende a giudicare o condannare noi o gli altri.

Ricordatevi che il subconscio funziona in modo strettamente letterale: non può giudicare sfumature di pensiero e non ha alcun senso dell'umorismo; se noi, per esempio, diciamo "a tutti i costi" il subconscio lo interpreta letteralmente, includendo costi che il nostro conscio non intendeva, come altissimi prezzi monetari, malattie, eccetera.

Segue una lista tipica e parziale di frasi che confondono e danneggiano la nostra energia: ascoltate la vostra conversazione giornaliera e quella degli altri e, se notate queste frasi, eliminatele immediatamente, con il metodo del "cancella, cancella, cancella".

A tutti i costi	Darei il braccio destro
Mi fa impazzire	Non dirmelo
Mi son morso la lingua	Ho una fame/sete da morire
Mi spezza la schiena	Ti voglio bene da morire
Mi fa morire di crepacuore	Corri come un pazzo
Non posso farlo mai giusto	Son pazzo per quella cosa
Sono stanco di quella cosa	È un vero rompicapo
Non posso aspettare	Mi brucia dentro
Sono stanco morto	È come farsi cavare un dente
Ho perso la testa	Mi togli il fiato/il respiro
Nessuno mi ama	Sto cadendo a pezzi
Sono fuori di me	Ci sono cascato
Quello mi ha congelato	Spaventato a morte
Sono scioccato	Sei/Sono un buono a niente

Ho un nodo allo stomaco
Mi ha tagliato fuori
Sono esploso
Non posso crederci
Sono fuso/stravolto/sfinito
Non ho lo stomaco per questo
Sono raffreddato come un cane
Sono stanco come una bestia
Non faccio mai niente di buono
Non posso averne abbastanza
Non mi viene mai bene niente
Non ti potrò mai ringraziare abbastanza
È stata una giornata micidiale
Avrò una giornata pazzesca/tremenda
Sbattere la testa contro il muro
Mi sta uccidendo/sarà la mia morte
Sto morendo di freddo/di caldo

È un pugno allo stomaco
Mi sta consumando
Mi sarei preso a calci
Mi fai venire un colpo

Tecniche per cancellare il pensiero negativo

a) *Tecnica del pezzetto di carta* - Questo metodo è stato suggerito da Bruce Lee, il famoso attore di tanti films di Kung Fu.

Si visualizza il pensiero negativo scritto su un pezzo di carta, poi lo si vede bruciare, osservando il fuoco che divora e manda in fumo la carta.

Questa è una tecnica che piace a molti; in un seminario una signora, dopo aver riferito quanto fosse efficace per lei, commentò: "L'unico problema è che mio marito si lamenta per la puzza di bruciato". L'indicazione è di usare la visualizzazione, ma, ovviamente, introducendo più fisicità (lo scrivere su un pezzo di carta, dargli fuoco, eccetera) funziona ancora meglio. Perciò modificate ed inventate nuove applicazioni per adattarle ai vostri gusti.

b) *Tecnica degli uccellini* - Questa tecnica sviluppa il distacco della mente, facendoci sperimentare il ruolo dell'osservatore (osservare pensieri di tristezza, per esempio).

Possiamo vedere la nostra mente come uno schermo sul quale compaiono i nostri pensieri. Osserviamo quindi i pensieri negativi come uno stormo di uccelli che, entrati nel nostro schermo mentale, lo attraversano lentamente e se ne vanno; se ritornano, osservateli di nuovo uscire.

c) *Tecnica del palloncino* (per la dissolvenza dei pensieri) - In questa tecnica immaginiamo i pensieri scritti sulla superficie o all'interno di un palloncino: teniamo il palloncino per il filo e avvertiamo la tensione del filo dovuta all'impazienza del palloncino che vuole volare via; allentiamo la presa e lo osserviamo farsi sempre più piccolo e svanire nel cielo, e con esso il pensiero negativo.

d) *Tecnica della lavagna* - Secondo questo metodo il pensiero è scritto su una lavagna: prendiamo uno strofinaccio e lo cancelliamo.

e) *La vocina* - Questa tecnica è utile per coloro che sentono spesso una voce interiore che commenta, valuta, minaccia, ma il più delle volte critica, critica, critica; è quella vocina che proprio in questo momento potrebbe chiederci: "ma di quale vocina parla?". Possiamo visualizzare questa vocina provenire da una radio o da un disco; girando un'immaginaria manopola sentiamo il volume della vocina abbassarsi fino a scomparire.

f) *La voce sexy* - Diciamo che non siamo riusciti, nella tecnica precedente, a trovare la manopola del volume o anche che, dopo averla trovata, la vocina non vuole scomparire.

Così la lasciamo dov'è, trasformandola però nella voce più sexy che possiamo immaginare; forse appartiene alla nostra vicina di casa, forse ad un attore o ad un'attrice famosi, forse al nostro salumiere preferito; l'unico requisito che deve avere è un tono caldo, sensuale, cosicché diventa quasi piacevole ascoltarla, anche se critica, affascinati come siamo più dal suo suono che dal significato delle parole; anzi vorremmo quasi che ci ripetesse la critica...

Tecnica del mal di testa

Osservare un dolore fisico come un mal di testa o una emozione sgradevole quale una depressione, li fa scomparire. "Sperimentare qualcosa" vuol dire notare, vivere, osservare questa cosa nel minimo dettaglio.

Se ad esempio si ha mal di testa, ci si rilassa seduti su una sedia ad occhi chiusi, respirando lentamente e profondamente, notando il dolore o l'emozione che abbiamo, se è questo che vogliamo eliminare.

Si cercherà quindi di individuare la localizzazione precisa del blocco energetico, di delinearne grandezza e forma, notando se ha una superficie ruvida o liscia, quanto è consistente, qual è il suo colore, quanto liquido potrebbe contenere e di che colore sarebbe questo liquido.

L'osservazione particolareggiata di questo blocco di energia per parecchi minuti, continuando a respirare lentamente, scioglie il dolore o l'emozione.

Tecnica del "solo per oggi"

Per uscire dalla nostra routine mentale di criticare e giudicare sempre noi stessi e gli altri, aspirando continuamente a cambiare le situazioni presenti (in famiglia o al lavoro), si può usare la tecnica del "solo per oggi".

Consiste nello scegliere di vivere un'intera giornata, solo una, senza giudicare, criticare o valutare alcun avvenimento che accada nelle 24 ore; scriviamo perciò la frase "solo per oggi scelgo l'accettazione" oppure "solo per oggi non giudico", in luoghi molto visibili, come lo specchio del bagno, il parabrezza della macchina, il frigorifero in cucina, un cartoncino sulla scrivania o nel portafoglio, facendo la scelta conscia che per tutta la giornata, "solo per oggi", non ci permetteremo di emettere giudizi o criticare.

Tecnica delle cianfrusaglie

Questo esercizio ci fa vedere quanto ci sia di superfluo intorno a noi, e quindi nel nostro modo di pensare, perché se ci circondiamo di una moltitudine di oggetti inutili (giornali vecchi, abiti che non indossiamo mai, bottiglie vuote, scarpe con i buchi, eccetera) è sempre perché abbiamo pensieri inutili: emaniamo intorno a noi quello che siamo. In questo esercizio ci sbarazziamo di "cianfrusaglie" che intasano il nostro spazio fisico e quindi i nostri spazi mentali, ricordandoci che "osare" fa bene (magari anche con quella sala da pranzo...).

Tecnica del diario

La comunicazione scritta ha uno stretto legame con la nostra salute. Lo scrivere un diario non solo combatte malinconie e depressioni scaricando paure fuori dal corpo, ma addirittura rafforza le difese immunitarie del nostro organismo. Scrivete quindi liberamente, per circa un quarto d'ora al giorno, lasciando scorrere i vostri pensieri e le vostre paure, senza nessuna preoccupazione per la struttura delle frasi e la grammatica.

* * *

STRESS E TENSIONE

L'uomo è l'unico essere
che può reprimere le sue energie,
o che può trasformarle.
Osho

Le corde di uno strumento musicale devono essere tese al punto giusto per suonare bene: poco tese non suonano, troppo tese si spezzano. Allo stesso modo, nella nostra vita abbiamo bisogno di situazioni interessanti, che ci facciano vibrare: le "corde" devono essere tese al punto giusto; un eccessivo allentamento (mancanza di obiettivi, ad esempio) ci causa svogliatezza di vivere, mentre un'eccessiva tensione ci causa uno squilibrio di energia e tutta una serie di malattie.

Quindi è l'eccessiva tensione che vogliamo controllare, non la tensione in sé, che è la caratteristica che dà sapore alla vita. A seconda della sua energia personale ciascuno ha un diverso livello ottimale di tensione; quale sia questo limite individuale ciascuno di noi lo scopre osservando le proprie reazioni nelle varie situazioni di vita.

La tensione eccessiva

Essendo il corpo il riflesso della mente, tutti i nostri pensieri ed emozioni influenzano ogni singola cellula del nostro corpo, favorendo o inibendo i processi di guarigione, attraverso il potenziamento o l'indebolimento del nostro sistema immunitario (il nostro meccanismo naturale di difesa).

Sia che si tratti di semplici raffreddori o di malattie gravi, sono i nostri stati mentali che determinano la differenza tra salute e malattia.

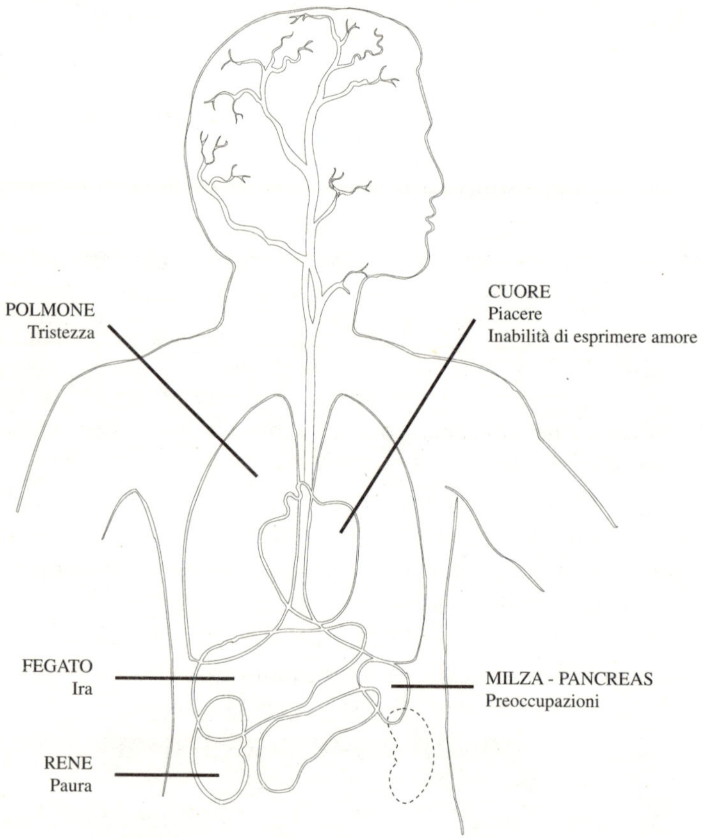

Come alcuni organi rispecchiano la mente

È più facile, per esempio, che si prenda un raffreddore una persona stressata piuttosto che uno appena tornato da una vacanza rilassante.

È interessante notare che, fisiologicamente, il nostro corpo risponde nello stesso modo agli stimoli della mente, sia che derivino da pericoli reali (la vera tigre che ci assale), o da situazioni immaginarie (la paura della tigre inventata), perché la forma-pensiero creata è la stessa.

Sul nostro corpo, che funziona da specchio della mente, si imprimono le tensioni mentali, mostrando al suo interno e sulla sua superficie (la muscolatura) queste disarmonie. Quando paure, dubbi e preoccupazioni sono stati mentali abituali, costanti, il corpo rimane continuamente sotto stress: tutta la muscolatura si irrigidisce, il viso, il cuoio capelluto, le spalle, la schiena, le gambe. Vi sono persone così abituate alla condizione di stress che hanno smesso di avvertirlo, al punto di mostrare sorpresa quando lo si fa loro notare ("Chi, io? ma no...").

Ci vuole energia, molta energia fisica, per mantenere la muscolatura del corpo in tensione; molta meno ne è richiesta quando il corpo è rilassato. È famoso il cartello appeso in uno studio medico, che si indirizza all'eterno corrucciato dicendo: "Per mantenere una faccia così contratta stai usando ben 127 muscoli: sorridendo ne useresti solo 87, perciò sorridi!".

Immaginatevi quindi gli "sprechi energetici" che perpetriamo giornalmente nei confronti del nostro corpo per mantenere lo stress; è ovvio di conseguenza che ci sentiamo spesso con poche energie, se tante sono investite nel sostenere le tensioni del fisico.

(Sembra proprio che, così come il miglioramento ecologico del mondo ha inizio nell'ecologia della nostra mente, anche per il risparmio energetico l'inizio possa essere situato nel nostro corpo...).

Stress e cervello

La tensione muscolare provocata dallo stress causa restringimenti nei condotti sanguigni che portano al cervello le energie di cui le cellule cerebrali hanno bisogno per organizzarsi in forme-pensiero: se vi è scarsità di energia nel cervello, vi è imprecisione nella forma e nella sequenza dei pensieri. Descriviamo questa carenza con frasi come: "Ho i pensieri offuscati", "Non riesco a pensare chiaramente", e così via. Un'altra conseguenza di questa scarsità di energia è il fatto che le cellule cerebrali, organismi naturalmente molto delicati, si deteriorano più rapidamente se sottoposte a sforzi o a tensioni, quali il dover sopperire ad un'energia che non c'è; necessiterebbero di conseguenza di un periodo rigenerante, il sonno rilassato, che una persona stressata non può però fornire loro.

In una condizione di tensione l'attività biochimica dell'organismo cambia, producendo adrenalina per avvertire il corpo di reagire ad un pericolo, magari anche solo immaginato.

Anche l'attività di altri ormoni si scatena: se la stimolazione di questa attività è di breve durata, gli ormoni sono riassorbiti dal corpo; nel caso invece di situazione stressante cronica, questi rimangono in circolazione e l'organismo viene sottoposto ad un lento logorio, determinando dei cambiamenti degenerativi nei tessuti, accelerando il processo di invecchiamento e riducendo la sopravvivenza. In altre parole, il nostro modo di pensare ci può far invecchiare e morire prima di quando dovrebbe accadere.

Vi sono due tipi di stress. Il primo è associato a cambiamenti di vita radicali: una morte in famiglia, un cambiamento di lavoro o di residenza, il matrimonio dei figli per esempio. Questo tipo di stress, sebbene di intensità maggiore, si attenua con il tempo, facendo diminuire considerevolmente la tensione.

Il secondo tipo è più subdolo e quindi più pericoloso, perché è associato alla vita di tutti i giorni, non si nota e non si attenua: è sempre con noi sotto forma di angosce, paure, apatie, difficoltà di comunicazione. Questo secondo tipo può manifestarsi nei modi più impensati, ad esempio come indigestione, mal di schiena o incapacità ad entrare in una stanza piena di sconosciuti.

Stress ed energia

L'eccessivo stress è sempre causato da un modo non corretto di pensare o, in altre parole, da un uso non corretto dell'energia la quale, non potendo più scorrere, si ferma, manifestandosi con somatizzazioni e blocchi nel corpo. Questi blocchi sono causati da emozioni represse: paure, sensi di colpa, risentimenti, angosce. Ciò che è importante sottolineare è che la nostra reazione emotiva ad un piccolo contrattempo o ad una grande tragedia dipende sempre dal modo di pensare che abbiamo assimilato.

La vita può essere considerata come un viaggio in cui si incontrano una dopo l'altra molte situazioni la cui elaborazione inconscia funziona più o meno così: percezione - analisi - decisione; l'analisi è fondamentale in questa progressione e dipende dalle nostre schede di memoria; la valutazione della situazione e il tipo di reazione sono decisioni che dipendono sempre dalla persona.

Sono le emozioni represse che causano le tensioni. È il "dovrebbe essere in un altro modo", l'ostinata non accettazione di qualcosa che sta accadendo o è accaduto in quel preciso modo, che causa lo stress facendoci "chiudere" su tutti i livelli: mentale, emozionale, fisico e spirituale.

Il conflitto si può risolvere, l'energia può ricominciare a scorrere quando la persona, prestando attenzione a se stessa, riconosce le tensioni e le emozioni represse: notare la nostra condizione di stress ed accettarla come parte di chi siamo fa sì che le difficoltà si dissolvano e scompaiano. La chiave è capire ed accettare ciò che si vede di noi stessi: solo così possiamo cambiare le situazioni che vogliamo cambiare, siano esse fisiche come un mal di testa o un nodo allo stomaco, oppure emotive come la tristezza.

Per esempio, se sentiamo lo stress noia, lo stress apatia o lo stress solitudine, stiamo vivendo l'esperienza di non vivere nel presente. Accettando queste sensazioni, notandole, guardandole, esorcizziamo la paura di tali emozioni ed esse scompaiono: l'energia riprende a scorrere dentro di noi ed il nostro essere riacquista il controllo della mente. Durante i momenti nei quali ci è particolarmente difficile continuare a nuotare nell'oceano delle nostre emozioni, può essere utile chiederci: "... Ma è tutto qui? C'è solo questo?".

Questa domanda generalmente funziona anche quando annaspiamo disperatamente poiché accende una luce dentro di noi, aprendoci nuove prospettive e facendoci vedere che oltre le nostre dense emozioni limitanti esistono ancora immense e fresche foreste, vasti prati verde smeraldo, grandi soli scintillanti ed il nostro spirito onnipervadente.

La respirazione

Per sbloccare le energie emozionali è possibile lavorare, oltre che a livello mentale, anche a livello fisico; infatti, il corpo è lo specchio della mente, e se esso è rilassato non può ospitare una mente ansiosa. Si può quindi diminuire notevolmente lo stress rilassando il corpo con l'attività sportiva, lo yoga, i massaggi, camminando, sbadigliando, stiracchiandosi con voluttà.

(È importante notare che il plesso solare è l'area del corpo che controlla e distribuisce l'energia; se esso è freddo, chiuso, non vi è circolazione energetica nel corpo; a questo si può rimediare massaggiandolo per un paio di minuti con la mano che ruota nel senso delle lancette dell'orologio).

I piedi sono una parte del corpo di primaria importanza, alla quale arrivano i terminali di tutti i principali organi. Uno dei massaggi più efficaci è quello della reflessologia plantare, ovvero il massaggio del piede che, attraverso questi terminali, stimola, rilassa o carica le diverse parti del corpo, contribuendo al loro riequilibrio e rilassamento. In mancanza del massaggio, un metodo veloce per scaricare tensioni o eccessi di energia nella parte alta del corpo consiste nell'immergere i piedi in una soluzione calda di sali minerali, sale marino per esempio, tenendoveli fino a quando l'acqua si sarà intiepidita.

Ma il metodo fisico più semplice in assoluto per rilassarsi, che non richiede nessun macchinario, nessuna assistenza, ed è assolutamente portatile, è la respirazione. Una respirazione corretta aumenta l'ossigenazione dei tessuti, diminuisce le pulsazioni cardiache, migliora la concentrazione, allenta le tensioni muscolari e placa le emozioni, aumentando l'attività della parte destra del cervello.

Nella vita, nessuno ci ha mai insegnato l'importanza e l'arte del respiro: si respira solamente per sopravvivere, perché se non lo si fa in breve tempo si diventa paonazzi e si muore. Invece il respirare è una della attività più importanti dell'uomo, sia da un punto di vista fisiologico che spirituale: tutte le discipline corporee includono la respirazione, chiave dell'armonia corpo-mente.

La respirazione può curare problemi di stress, d'asma, mentali. In natura si può osservare la corretta respirazione, per esempio, guardando come respirano i neonati prima che imparino a stressarsi, o osservando gli animali rilassati. In entrambi la respirazione coinvolge un leggero movimento dell'addome, significando che, quando la totalità dei polmoni si riempie dell'energia aria, il diaframma (il muscolo che separa i polmoni dallo stomaco) è spinto verso il basso, facendo quindi muovere lo stomaco: questa è la respirazione diaframmatica.

La respirazione di un gatto stressato, in allerta, coinvolge solo la parte alta dei polmoni ed il ventre dell'animale resta immobile. E questo accade anche ad una persona stressata: più intenso è lo stress, più alta è la parte dei polmoni coinvolta nella respirazione.

In situazioni di stress continuo permangono, nella parte bassa dei polmoni, sacche di aria inalata settimane prima e non ancora esalata.

Per molti riscoprire l'antica arte del sospiro è un buon inizio: l'aria che immettiamo non solo ci permette di rispondere ai fabbisogni del corpo fisico, ma è anche l'energia immateriale che pulisce tutti gli altri nostri corpi energetici, raffinandoli sempre di più ed allineando le loro vibrazioni. Con una respirazione conscia, non solo pren-

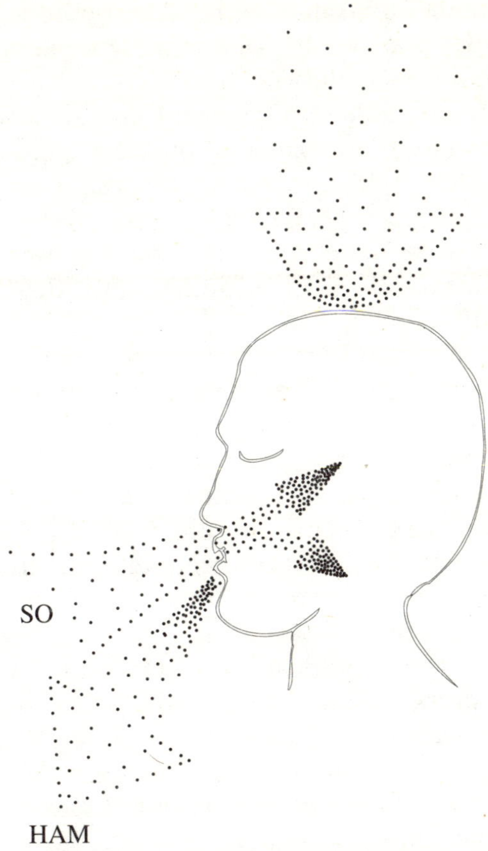

La respirazione SO-HAM

La respirazione rilassante può anche essere fatta ascoltando il suono del nostro respiro: questo aiuta a mantenerci nel presente, rallentando la tendenza della mente a divagare.
L'inalazione, con il suono SO, si esegue pensando ad energia che ci entra dal naso o dal capo, diffondendosi per tutto il corpo. Il suono dell'esalazione è HAM, pensando a lasciare andare, oltre all'aria, anche tensioni fisiche e mentali.

diamo energia dall'aria, ma possiamo respirare le energie degli alberi, dei prati verdi, delle montagne, delle acque, consciamente diffondendole nel nostro corpo.

Vi sono due fasi nella respirazione: l'inalazione, da vivere come momento di attenzione al presente, per controbilanciare la tendenza della mente a trasportarci nel passato o nel futuro; l'espirazione, da vivere come rilascio di tutte le tensioni e tossine del corpo e della mente, come distacco dal passato, quello degli ultimi minuti, degli ultimi giorni, degli ultimi anni.

Una volta imparata la respirazione possiamo visualizzarla come passaggio dell'energia-aria attraverso varie parti del corpo: possiamo quindi "respirare" attraverso la colonna vertebrale, il capo, eccetera.

Durante la respirazione la sensazione corretta è che tutto il corpo ne sia partecipe: braccia, mani, gambe, piedi; anche la pelle può sentirsi trasparente all'aria, all'energia che scorre, libera come la brezza tra gli alberi, guidata dal nostro respiro cosciente.

È utile associare e praticare la respirazione in tutte le situazioni di stress, e non, della giornata: così respiriamo consciamente quando un clacson suona o il telefono squilla, quando qualcuno ci dà il buongiorno, quando guardiamo l'orologio o siamo impegnati in una discussione. Respirare consciamente ci rilassa, ci centra, ci fa vedere più in prospettiva i nostri problemi e le nostre emozioni, cosicché cominciamo ad accorgerci che la risposta alla domanda: "È tutto qui?" è sempre più spesso: "No, c'è molto di più".

La respirazione diaframmatica

Durante il rilassamento, se volete, potete ascoltare musica distensiva; per ridurre al minimo le distrazioni, se potete, chiudete gli occhi. Scegliete una posizione comoda, seduti con la schiena eretta e le piante dei piedi per terra, oppure sdraiati allineando il capo alla spina dorsale.

All'inizio posate leggermente la mano sul plesso solare per notare se vi è un leggero movimento, che significa una respirazione corretta. Inspirate con il naso, e osservate la vostra respirazione.

Non respirate troppo affrettatamente, stabilendo voi il ritmo a seconda delle dimensioni dei vostri polmoni. Non iperventilatevi (aria in eccesso), potete anzi inalare molto poco, prendendovi cura però di riempire la parte bassa dei polmoni (noterete allora che la mano sul plesso solare si solleva leggermente).

Quando inspirate, vi può aiutare la visualizzazione di un bicchiere d'acqua che si riempie dal basso verso l'alto, immaginando che così avviene per i vostri polmoni, senza sforzo. Per l'espirazione, visualizzate il bicchiere d'acqua che si svuota dall'alto verso il basso; alla stessa maniera i vostri polmoni si stanno svuotando naturalmente dall'alto verso il basso.

Sperimentate la sensazione fisica del respiro rivolgendo l'attenzione all'inalazione, sentendone la freschezza, l'immediatezza, il suono. Usate l'inspirazione come veicolo del presente, per controbilanciare la tendenza della mente a portarvi nel passato o nel futuro.

Nell'espirazione osservate l'esalazione (per i primi cicli esalate attraverso le labbra dischiuse, sentendo l'aria calda che scorre fuori da voi, portandosi via tossine fisiche e mentali di cui non avete più bisogno). Esalando continuate a lasciar andare via tutto ciò a cui vi sentite aggrappati, tutto il passato, l'ultimo minuto, l'ultima ora, l'ultimo anno, gli ultimi dieci anni, lasciate andare via tutto... aah...

Ad ogni espirazione vi sentite sempre più leggeri e rilassati, in pace con il vostro corpo ed i vostri pensieri, percependo le energie scorrere tranquillamente in voi... continuando a lasciare andare tutti i "sarebbe dovuto essere", "avrebbe potuto essere", eccetera... lasciate passare tutti i vostri pensieri con un atteggiamento interiore rilassato e privo di intenti.

E notate che respirate non solo con i polmoni, ma che tutto il corpo sta partecipando: state respirando con il bacino, le gambe, le braccia, i piedi. Notate che sensazione vi dà respirare con i piedi, che sensazione vi dà respirare con il capo. Ora state respirando con tutto il corpo, sentite il piacere del vostro fisico rilassato, della vostra pelle trasparente, percepite questi flussi di energia chiara che, come piacevoli onde del mare, si diffondono dal capo, attraversano il corpo senza impedimenti e fuoriescono dai piedi, al ritmo del vostro respiro, facendovi sentire sempre più distesi, sempre più rilassati: notate che voi state creando queste onde, osservando anche la sensazione di pace e di tranquillità che danno al vostro corpo.

La maschera rilassante

Questa tecnica può essere praticata da sola o come proseguimento della respirazione diaframmatica. Prima di iniziare è necessario scoprire la vibrazione del nostro "corpo di colore", che è il colore con il quale ci viene più facile pensare all'energia e muoverla.

Continuate a rilassarvi, quindi, con gli occhi chiusi, e notate che siete su una bellissima nuvola soffice, di un colore forse grigio perla, forse rosa, forse bianco: sceglie-te voi.

Siete sdraiati e vi sentite in un meraviglioso stato di benessere fisico e mentale; il corpo si sente leggero, pulito, vibrante, piacevolmente riscaldato da un sole giallo brillante in un luminoso cielo azzurro.

I vostri pensieri sono armoniosi, assaporate la sensazione della vostra presenza, del vostro corpo e sapete di avere tantissimi amici che vi vogliono molto bene per quello che siete: nella meravigliosa condizione in cui vi trovate, qual è il colore che associate a queste sensazioni?

Il colore prescelto sarà quello della vostra vibrazione personale, e ad esso farete ricorso ogniqualvolta vorrete sentirvi bene.

La preferenza per un colore può cambiare se la nostra "vibrazione" personale si modifica col mutare del modo di pensare o dell'atteggiamento nei confronti della vita: se ciò accade accettatelo ed usate il nuovo colore.

Riprendendo la respirazione diaframmatica, continuate a rilassarvi, sempre di più ad ogni esalazione, percependo tutto il vostro corpo come un'unità armoniosa, in pace.

...Ora immaginatevi una maschera che abbia esattamente la forma del vostro viso: è una maschera soffice, come una nebbiolina colorata del vostro colore personale. La maschera si abbassa a toccare leggermente la pelle del volto.

Il colore è fresco, vibrante, quasi scintillante nella sua energia e appena vi tocca esso penetra nella pelle, sciogliendo tutte le tensioni muscolari del viso. Percepite la sensazione di rilassamento che vi procura, sciogliendo la tensione dei muscoli della fronte.... I muscoli degli occhi sono così rilassati... lasciateli andare ancora di più. I muscoli delle guance si rilassano... anche quelli del naso... sentite come questo colore energetico scioglie tutte le tensioni... nei muscoli delle labbra... della mascella... i muscoli del palato... della lingua... la lingua sembra così pesante nella bocca... lasciatela andare ancora di più.... I muscoli della gola ... i muscoli del cuoio capelluto, della testa, tutto si sta rilasciando... all'interno della testa, alla base del cervello... notate il colore così rilassante... i muscoli del collo.

Continuando a respirare, visualizzate un abete di montagna carico di neve, e notate che l'abete semplicemente abbassa i rami e tutto il peso della neve scivola giù.... così come l'abete, lasciate andare le spalle, e tutti i pesi, tutte le tensioni dalle vostre spalle scivolano giù, giù verso il bacino, giù verso le gambe, fuoriescono dai piedi; notate come questi pesi di cui non avete bisogno vi escano dai piedi, simili ad un'onda che rotola giù dalle spalle; lasciatela andare e siate leggeri, rilassati... continuate a respirare, sentendo l'onda di energia creata dal vostro respiro così pura e così rilassante, che fluisce dal capo e fuoriesce dai piedi... vivete, assaporate questa sensazione...

Respirazione "verso il basso"

Quando ci sentiamo sovraccarichi di energia nella parte superiore del corpo, o quando cominciamo a percepire stress o ansia di qualsiasi natura, possiamo respirare dirigendo, durante l'espirazione, l'energia appena inspirata verso il basso, pensando consciamente che questa scorre verso la parte inferiore del corpo, specialmente nel bacino e nelle gambe, sciogliendo verso il basso anche eventuali tensioni ed ansie che potremmo avere.

L'esercizio si può eseguire per 1-2 minuti ad occhi chiusi o aperti, mantenendo in quest'ultimo caso uno sguardo sfocato.

Energia dalla natura

La natura è un immenso serbatoio di energia a nostra disposizione per caricarci o rilassarci.

Potremmo quindi "respirare" un oceano, una catena di montagne, un bosco, una cascata, o semplicemente l'energia di un albero o di un prato.

L'energia di cui è composto il luogo, si utilizza inspirandola "consciamente", cioè pensando a ciò che si sta facendo, sentendola entrare in noi come un liquido molto fluido che riempie il nostro corpo e lo armonizza.

* * *

L'ECOLOGIA DELLA MENTE E DELLA TERRA

L'Universo sostenta totalmente ogni pensiero che scegliamo di pensare e credere.

Louise Hay

È molto interessante e positivo che sempre più persone si stiano accorgendo dell'ambiente che le circonda: individui che, fino a poco fa, vivevano in un mondo limitato ai loro interessi immediati (casa, lavoro, famiglia), stanno allargando il loro orizzonte ad includere il vicinato, la città, tutto il pianeta.

È davvero un'ottima cosa perché più ci guardiamo attorno ed osserviamo, più riusciamo a capire che tutto si muove secondo le leggi dell'energia, cui la natura intera obbedisce: l'aria, le piante, gli animali, l'uomo, anch'egli componente integrato del sistema naturale.

Notiamo che l'uomo riesce a modificare con il suo comportamento l'equilibrio dell'ambiente: ad esempio, bruciando i combustibili si immettono nell'aria grandi quantitativi di anidride carbonica e altri gas inquinanti, che hanno conseguenze atmosferiche analoghe a quelle d'una media eruzione vulcanica: il controverso "effetto serra". Averne paura non risolve la situazione; può essere però risolvente la determinazione a volerlo eliminare.

Il pianeta è sicuramente in grado di collaborare, infatti è cosciente delle mutazioni climatiche. Inoltre le conosce bene: una delle più grandi della Terra, in tempi recenti, è avvenuta nella regione del Sahara, in Africa, poche migliaia di anni fa: per le modificazioni di correnti aeree, milioni di metri quadrati di terreno, con savane, foreste, grandi fiumi e tantissimi animali, ora sono solo sabbia, caldo, aridità; e tutto senza l'intervento dell'uomo.

Natura e violenza

Questa nuova preoccupata attenzione verso le conseguenze delle nostre azioni, benché infondata nel suo allarmismo, è senz'altro benefica perché ci induce a constatare quanto siano numerose le connessioni che uniscono in una rete intercomunicante tutti noi, tutta la natura, tutto il pianeta.

L'avvento della tecnologia ci ha portato benessere (meno ore di lavoro, le vacanze, la pensione) e quindi più tempo libero per dedicarci a queste "preoccupazioni" e ricerche; infatti nei secoli passati, prima della "liberazione" tecnologica, la maggior parte delle persone doveva lavorare sette giorni alla settimana per sopravvivere, con l'esclusiva preoccupazione di procacciarsi il cibo o il vestiario, senza aver tempo per prendere coscienza del proprio io e della propria mente.

Allora non vi era né il desiderio né il tempo di conoscere e di lasciar esprimere il proprio corpo o di esternare e soddisfare gli impulsi di sapere.

Ora che tutta questa ricerca è resa possibile dalle mutate condizioni di vita, dedichiamo parte di questa attenzione anche al mondo animale, per il quale sentiamo di dover essere difensori e protettori.

Animate dal nobile sentimento della protezione dei deboli e degli indifesi, alcune persone hanno l'idea romantica, ma non fondata, che l'animale viva sempre in totale armonia con i suoi simili e con la natura, e che l'uomo, con il suo egoismo, sia l'unico elemento di violenza in un mondo di serenità.

Secondo questo modo di vedere, se tutti gli uomini salissero su di un'astronave ed osservassero la Terra, non vi vedrebbero più né violenza, né crudeltà: il giardino dell'Eden sarebbe ripristinato.

E non sarebbe vero, perché il castoro continuerebbe "egoisticamente" ad allagare vaste aree senza chiedere permessi a nessuna "autorità", distruggendo le tane di altri animali della zona, costringendoli ad abbandonare forzatamente il territorio, causando annegamenti e disastri ecologici localmente importanti.

Ed il gatto continuerebbe a catturare topolini per divertimento, non per fame, e giocherebbe con essi fino a farli morire (così soffici e carini) per attacco cardiaco o per emorragie interne.

Ed i leoni maschi che riuscissero a conquistare un nuovo territorio continuerebbero ad uccidere immediatamente tutti i cuccioli presenti per ottenere così un nuovo estro dalle femmine appena acquisite.

E noi, "uomini crudeli", guardando dall'oblò della nostra astronave, non potremmo non sentirci turbati da queste uccisioni, specialmente dei cuccioli perché mandano quei "segnali infantili" (andatura goffa, totale fiducia negli estranei, tenerezza) che nella nostra specie li mettono generalmente al riparo dalla violenza. Quindi l'esistenza o meno del giardino dell'Eden non dipende solo dalla presenza umana.

Ma naturalmente negli animali non vi è il concetto di crudeltà e di buono o cattivo: il loro comportamento è guidato dall'istinto e dal tipo di energia che li caratterizza. Il leone è indotto a compiere un'azione così crudele per noi, quale l'uccisione dei cuccioli, dall'impulso biologico di assicurare continuazione alla propria discendenza genetica.

Ora, come abbiamo l'indulgenza, il distacco per capire che gli animali sono guidati da certe leggi, così dobbiamo capire, se non accettare, che anche agli uomini capita di essere indotti da certe energie ad agire in un modo ostile verso la natura, verso altri uomini.

Vi sono invece persone che, esasperate dall'uso che l'uomo fa di certi animali (per pellicce, per cibo, per esperimenti con vivisezione, ecc.), vorrebbero eliminare tutti questi uomini "violenti", per poi costruire "un mondo migliore"... una nobile scusa per giustificare la nostra violenza interiore, per far fare agli altri quello che vogliamo noi, per imporre la nostra visione del mondo: questo approccio è già stato messo alla prova molte volte nella storia da innumerevoli dittature.

E non funziona.

Non funziona perché ci volgiamo nella direzione sbagliata per risolvere un problema che è nostro: gran parte del risentimento che proviamo verso le azioni dell'Uomo è risentimento verso noi stessi; piangiamo per i gesti arbitrari, ma in verità è su noi stessi che piangiamo, lamentandoci dell'ingiustizia, senza preoccuparci di capire come lavora l'energia: trasformiamo la nostra aggressività, e aiuteremo gli altri a fare altrettanto.

Tanti milioni di animali sono morti per salvare tanti milioni di uomini; è normale chiedersi se certi usi dell'animale siano morali, e soprattutto se siano nell'ordine delle cose.

Quando si tratta di sacrificare l'animale per salvare la vita dell'uomo, la risposta dovrebbe essere «sì... purché l'animale sia consenziente». Il consenso dell'animale è un'estensione del consenso del pianeta: percepirlo, è questione di affinamento della nostra coscienza.

Il colore della paura

Se abbiamo paura dentro di noi, questa colora di sé tutto ciò che avviene sotto i nostri occhi: interpretiamo qualunque cosa accada a noi o intorno a noi in modo da darci ragione, e rinforzare la nostra convinzione: "Vedi, lo sapevo io, avevo ragione...". Poi c'è la realtà, come stanno veramente le cose, ma se questa realtà contraddice il nostro modo di pensare proviamo indifferenza, se non insofferenza.

Siamo comunemente abitati dalla paura dell'inquinamento atmosferico, per esempio, dovuto ai composti d'azoto dei gas di scarico dei motori diesel che hanno dimostrato di avere un effetto cancerogeno; però, poi, ci infastidisce sapere che il nostro corpo ne assorbe di più se mangiamo un bel pollo alla griglia: questo dimostra l'irrazionalità dei comportamenti dettati dalle paure.

Qualcuno potrebbe sentirsi tranquillo perché è vegetariano e mangia solamente frutta e verdura "assolutamente non trattate con antiparassitari".

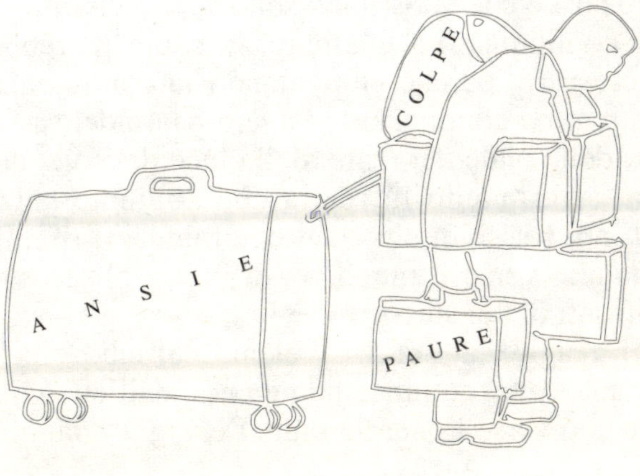

Il fatto è che più o meno tutte le piante fabbricano i loro antiparassitari: servono loro da protezione dalle insidie dell'ambiente. Questi antiparassitari sono prodotti in dosi molto elevate, costituendo oltre il 5% del peso a secco della pianta, e raggiungendo quindi nel cibo che mangiamo parti per migliaia, piuttosto che parti per miliardo come gli antiparassitari artificiali. Il 99,99% dei pesticidi ingeriti deriva quindi da sostanze naturali: mangiando, ingoiamo almeno diecimila volte più antiparassitari naturali che residui di sostanze tossiche fabbricate dall'uomo.

E non è vero che le sostanze naturali non siano nocive: in test sui ratti (eseguiti alle dosi massime tollerate) sono risultate cancerogene circa la metà delle sostanze fabbricate dall'uomo e la metà delle sostanze naturali.

Quindi se ci facciamo governare dalla paura il cerchio continua a restringersi e scopriamo che non solo il prezzemolo, il basilico ed il sedano "coltivati nel nostro orticello" ci tradiscono, ma che anche la cottura del cibo può generare una certa varietà di sostanze capaci di danneggiare il DNA delle cellule e quindi promuovere lo sviluppo di tumori: non ci conforta molto il pensare che è sempre stato così e che i nostri avi sono sopravvissuti.

E se continuiamo a guardare, la paura potrebbe solamente crescere, perché aumentando la conoscenza delle cose potremmo cominciare ad avere paura dei sassi, degli animali, delle onde del mare, della luce del sole, dei fiori, di tutto: affermando in realtà che abbiamo solamente paura di noi stessi, di chi siamo; la rabbia, il risentimento che sentiamo verso il mondo è, di fatto, solo frustrazione nei confronti di noi stessi.

Come reagire, allora, ai "veleni" nel cibo e nell'aria? Ancora una volta, cominciando da noi, dall'atteggiamento che abbiamo verso l'energia-cibo, l'energia-aria.

Noi siamo ciò che emaniamo: mangiando o respirando solo in modo automatico, non riconosciamo l'energia che il pianeta ci fornisce.

Armonizziamoci con le energie che entrano dentro di noi, e i loro vettori (cibo e aria) non ci danneggeranno più.

La tecnologia

Non è vero che la tecnologia è il male del mondo: è come la si usa che la rende buona o cattiva; la scoperta della fissione dell'atomo è stata usata per distruggere, con la bomba atomica, e per curare, con la bomba al cobalto.

L'uso saggio della tecnologia accelera la nostra evoluzione e quella del pianeta, libera l'Uomo dalla preoccupazione della pura sopravvivenza e, attraverso la sua interazione con le macchine, lo riporta al sogno e all'intuizione, stimolando la sua potenza creativa.

Scegliere di vedere la tecnologia solo come negativa è come scegliere di notare le poche persone che muoiono intrappolate in un incidente di macchina a causa delle cinture di sicurezza, e quindi condannare questo attrezzo rifiutandosi di notare le centinaia di migliaia di vite salvate dalle stesse cinture.

Gli interrogativi che solleva l'uso indiscriminato della tecnologia non appartengono solo alla nostra era. Una delle invenzioni più micidiali è stata quella dell'arco e della freccia; è stato calcolato che, data l'esiguità della popolazione della Terra all'epoca dell'invenzione, un gruppo ben addestrato di cinquanta arcieri avrebbe potuto eliminare tutti gli uomini del pianeta, facendo di questo semplice strumento un'arma anche più letale della bomba atomica.

Si può immaginare l'estremista categorico del tempo che cerca di far bandire l'arco come una minaccia mortale per l'umanità, e l'inventore che reclama dicendo che l'arco gli serve per procurarsi più cibo con minor pericolo.

È vero che vi è una negligenza, un egoismo nell'uso della tecnologia che è causa di inquinamento del pianeta (ne stiamo prendendo coscienza) ma ciò sta ad indicare semplicemente i "dolori di crescita" dell'evoluzione umana e planetaria.

Quello che importa mettere in evidenza è che per eliminare l'inquinamento esterno dobbiamo prima eliminare quello interiore, perché anche l'inquinamento dell'acqua o dell'aria è conseguenza di un inquinamento mentale. L'ecologia della mente è la più importante, deve venire prima di quella ambientale perché ne è la causa; se esiste dentro di noi pulizia mentale e rispetto verso il nostro essere, li esprimeremo anche non lasciando immondizie come segno del nostro passaggio.

Perciò notiamo che l'ecologia del pianeta include la natura, il nostro comportamento ed il nostro modo di pensare: è per questa ragione che avremo grandi delusioni e grandi frustrazioni se pensiamo di poter modificare in meglio l'armonia del pianeta lavorando solamente al di fuori di noi stessi.

Se vogliamo veramente aiutare il mondo e contribuire alla sua armonia dobbiamo prima lavorare a tirarci fuori dalle paludi e dai meandri mentali che ci ostacolano; dobbiamo prima fermare "l'effetto serra" interiore che ci frena nel rapporto con noi stessi e con gli altri, dobbiamo prima accettarci per quello che siamo, cosicché potremo dare più spazio agli altri per essere come sono.

Essere ecologici vuol dire essere liberi di sbarazzarsi di risentimenti passati, capaci di dimenticare i soprusi subiti da superiori, colleghi o familiari, le molestie dei vicini che sporcano le scale, e di smettere di tenere la contabilità delle proprie ragioni.

Così facendo ristabiliremo anche il nostro collegamento con la Terra, la natura, accetteremo anche di essere parte integrante e importante dell'energia del Pianeta, di Gaia, e quindi di essere parte delle sue rocce, delle sue piante, delle sue acque, e della sua aria.

Potremo quindi contribuire con piacere al suo miglioramento aiutando i topini a sfuggire al gatto o considerando naturale il comportamento dei leoni, ma soprattutto accettando il ruolo di tutti, anche il nostro, totalmente, riconoscendo che anche il deserto è perfetto, perché se avesse gli alberi si chiamerebbe foresta: se noi siamo in armonia con noi stessi il pianeta è armonioso. Come io penso, così sono, e così è.

L'ENERGIA-PENSIERO E LA VISUALIZZAZIONE

Dobbiamo ricordarci che l'unica cosa con cui
stiamo trattando sono pensieri,
ed il pensiero può essere cambiato
e, che ci crediate o no,
noi scegliamo i nostri pensieri.

Louise Hay

Fate questo breve esperimento, chiedendo ad un'altra persona di leggere il paragrafo che segue. Con gli occhi chiusi rilassatevi e...

... immaginate di essere in un bellissimo giardino pieno di piante, fiori e profumo. Il cielo è di un azzurro intenso, il sole scintilla, vi è una brezza fresca ed un forte odore di limoni tutt'intorno: infatti, osservando, vedete proprio di fronte a voi un verdissimo albero di limone, con frutti che sembrano piccoli soli profumati. Voi ne scegliete uno e lo odorate, inebriandovi con il suo profumo così naturale e così pungente, lo tagliate a metà, notando le goccioline di succo che scendono giù dalla metà tagliata, e gli date un bel morso, così che tutto quel succo vi riempie la bocca e scende lungo la gola...

...e aprite gli occhi.

Immaginando e "vivendo" una situazione del genere, molti di noi sentono la bocca riempirsi di acquolina; non vi è stato nessun limone fisico, eppure il pensiero del limone che si è formato nella nostra mente è stato sufficiente ad influenzare il nostro corpo, in questo caso le ghiandole salivari e la bocca. Potremmo dire, generalizzando, che il nostro pensiero ha influenzato la materia: è bastato pensare in dettaglio ad una situazione perché la mente, prendendola come reale, lanciasse al corpo i segnali per reagire appropriatamente.

Questa è la potenza della visualizzazione.

Una storia famosa, che mostra quanto il pensiero "marchi" il corpo, è quella della "gattina di Nizza": questa gattina fu vista inseguire un topolino nel retro di un negozio, fino a che il topino trovò rifugio dietro un sacco su cui era stampata ben visibile la sigla 1927 ed una stella. La gattina rimase per ore di fronte al sacco in paziente e spasmodica attesa del topolino, che alla fine riuscì a sfuggirle. L'avventura ebbe però conseguenze "indelebili": infatti la gattina era incinta, ed alla nascita due dei cinque gattini risultarono avere, uno sulla pancia e uno sul dorso, ben visibile, il marchio 1927 con la stella.

Questo episodio, oltre ad evidenziare quanto sia potente la visualizzazione associata al desiderio, come vedremo più avanti, fa riflettere su quanto una madre debba far attenzione ai suoi pensieri ed umori durante la gestazione.

L'energia-pensiero

Il pensiero è una forma di energia veloce e leggera che si manifesta istantaneamente nel nostro cervello, componendo i neuroni in forme tridimensionali rassomiglianti a stranissimi geroglifici, in un numero quasi infinito di combinazioni. Ad esempio, il pensiero: "che cosa è il significato della vita?" ha una certa forma creata dal raggruppamento di alcune cellule cerebrali in un determinato modo, mentre il pensiero: "mi prude il naso" crea un'altra trama neuronale, e così via. A seconda del pensiero vi sono forme diverse che mandano impulsi al corpo per piangere, grattarsi il naso o parlare.

Quando questi pensieri hanno a che fare con l'ambiente esterno si chiamano visualizzazioni: il nome è molto preciso perché descrive letteralmente quello che facciamo prima di poter compiere qualsiasi azione. Per esempio, prima di alzarci dal letto la mattina dobbiamo visualizzare come farlo: mettere il corpo di lato, spostare il suo peso, eccetera, cosicché la visione nel nostro cervello può mandare gli impulsi neuromotori che ci faranno eseguire l'azione. Noi formiamo continuamente immagini nella nostra mente, adattandole alle informazioni che riceviamo dall'esterno attraverso i nostri sensi. Moltissime di queste immagini interne si avvicendano così velocemente che restano inconsce. In una giornata visualizziamo automaticamente ed inconsciamente circa tremila volte; prima di fare qualsiasi cosa, sia che vogliamo bere un caffè o trovare un nuovo lavoro, dobbiamo prima pre-vivere l'avvenimento nella nostra mente.

Il pensiero, l'idea che abbiamo, è quindi come un disegno che per mezzo dei neuroni crea l'immagine della forma nel nostro cervello: questa forma attrae e guida l'energia che serve a trasferirla sul piano fisico.

Il pensiero nella mente è energia sottile che fa scorrere e modella le altre energie sempre più dense, fino a quando si arriva alla concretizzazione delle azioni o alla materializzazione dell'oggetto: dal pensiero di diventare dottore si diventa dottore attraverso migliaia di azioni, e dal pensiero di come costruire una sedia si crea materialmente una sedia su cui ci si può sedere.

La potenza della visualizzazione

Tutti noi siamo in un continuo stato di evoluzione mentale e fisica grazie alle esperienze della nostra vita: a seconda delle nostre reazioni a queste esperienze possiamo accelerare o rallentare questa evoluzione. Più ci evolviamo, più ci ripuliamo da scorie, tossine, grossolanità fisiche e mentali, più scopriamo le energie e le vibrazioni dentro ed intorno a noi, riuscendo sempre meglio ad influenzare queste energie con i nostri pensieri e le nostre visualizzazioni, e più le nostre attività mentali influenzano il corpo.

Abbiamo già visto che, se abbiamo pensieri negativi o deprimenti, questi indeboliscono drasticamente il nostro sistema immunitario, rendendoci vulnerabili a malattie lievi e gravi. Fino a non molto tempo fa si rifiutava quasi l'idea della malattia psicosomatica: la medicina ammetteva che circa il 65% delle malattie fosse di origine psicosomatica, ma ora è arrivata all'80%. Essendo il corpo un riflesso fedele della mente, la percentuale dovrebbe continuare a salire.

Il tipo di influenza sul corpo è determinato dalla terza legge dell'energia, che dice che quello che emaniamo ci ritorna: è chiamata anche legge dell'attrazione. Così, se pensiamo costantemente alle malattie ci ammaliamo, se siamo insicuri o ansiosi tendiamo ad attirare proprio le esperienze e le persone che vorremmo evitare.

D'altro lato, se pensiamo di essere meravigliosi lo diventiamo, se abbiamo atteggiamenti positivi attiriamo situazioni ed eventi carichi di positività; l'universo sostiene incondizionatamente qualsiasi pensiero scegliamo di formulare o credere. In generale possiamo quindi osservare che tutti gli eventi, le esperienze di oggi o di anni addietro, sono stati creati da nostri pensieri e convinzioni.

La grande scoperta che stiamo facendo è quindi che noi possiamo "far accadere" avvenimenti che ci piacciano di più di quelli presenti, usando consciamente le nostre capacità naturali di visualizzazione in un modo direttivo, per i nostri obiettivi. Usando l'energia nostra e quella intorno a noi possiamo immaginare successo, ottima salute, ogni cosa: possiamo letteralmente pre-vivere la nostra vita con la visualizzazione.

Il reale e l'immaginario

Nella realizzazione della vita che desideriamo siamo aiutati dal fatto che la nostra mente non riesce a distinguere tra una situazione reale e una visualizzazione chiara e dettagliata, tra un oggetto reale e uno immaginato in tutti i particolari: la trama neuronale è la stessa, sia che vediamo realmente una sedia sia che ce la immaginiamo.

Ciò si nota ad esempio nello stress, dove il corpo ha le medesime reazioni a situazioni di pericolo reale o immaginario.

Possiamo quindi usare questa non-distinzione della nostra mente tra il reale e l'immaginario per visualizzare avvenimenti che vogliamo si producano nella nostra vita; ad esempio, se vogliamo avere una casa in montagna, dobbiamo immaginarci il luogo in estremo dettaglio, la forma della casa, la sua posizione, il colore del tetto, delle stanze, i tipi di mobili, il canto degli uccelli, il rumore del ruscello vicino, il fruscio del vento, gli odori degli alberi e dei fiori. Oppure, se uno studente vuol fare un esame brillante, deve immaginarsi i professori, come saranno vestiti, di che umore saranno (buono), che tempo farà, che domande gli rivolgeranno.

La nostra visualizzazione dettagliata crea nel cervello una struttura neuronale che interpreta la visualizzazione come realtà, mandando e coordinando gli impulsi neuromuscolari verso la realizzazione del nostro pensiero: la mente si comporta come se l'episodio fosse reale perché crede che quello che vede sia già realtà; così l'energia del nostro pensiero guida la totalità delle azioni che dobbiamo fare per il conseguimento del nostro obiettivo, dai gesti al colore delle scarpe che indosseremo per un appuntamento importante.

La forma-pensiero che creiamo pensando e visualizzando, può essere vista come una nuvoletta che emana da noi; la struttura di questa forma apre un canale privilegiato in cui l'energia può scivolare più facilmente: le onde di forma che noi emaniamo con i pensieri creano quindi la realtà.

Il grande portiere russo Jascin, che potremmo definire un campione mondiale dei portieri per la facilità con cui riusciva a parare i rigori, descrive così la tecnica con cui si preparava alla parata: "Ingurgitavo aria per sembrare sempre più imponente, sorridendo all'idea che il rigorista vedesse una porta sempre più piccola ed un portiere sempre più grande".

La visualizzazione ed i cinque sensi

Per caricare di energia una visualizzazione abbiamo detto che è necessario il maggior coinvolgimento possibile dei cinque sensi. Nell'esempio del limone si sente il caldo del sole, si tocca e si odora il limone, e così via; nell'esempio della casa di montagna si sente il suono del ruscello eccetera; più si riescono ad usare i cinque sensi, più la visualizzazione sarà dettagliata e quindi precisa, più facile sarà per la realtà calarsi nella struttura già pronta per lei.

Il 20% delle persone dicono di trovare difficoltà nel visualizzare forme-pensiero o situazioni perché non riescono a "vederle" nella loro mente.

Queste persone potrebbero avere un sistema percettivo

a prevalenza uditiva o cinestetica (basata su sensazioni tattili): in una visualizzazione, quindi, focalizzerebbero i dettagli con sensazioni sonore o cinestetiche; comunque sempre nello stesso modo in cui già visualizzano le azioni della loro vita quotidiana un attimo prima di farle.

Il "vedere" situazioni o creazioni nella mente prima che diventino realtà è elemento comune a tutte le più brillanti imprese dell'Uomo: lo scienziato "vede" la scoperta nella sua mente, Mozart e Beethoven letteralmente "vedevano e udivano" la musica prima di scriverla, Michelangelo "vedeva la forma" della scultura nel marmo; anche i grandi manager affermano che il successo negli affari prima si prepara con una vivida immaginazione.

Già da parecchie Olimpiadi gli atleti russi si preparano anche con tecniche di visualizzazione: l'atleta immagina la corsa, percependo i muscoli che producono il massimo sforzo, sente il suono delle sue scarpette sul terreno, l'ansimare dei concorrenti dietro di lui, eccetera, cosicché, al momento della corsa già pre-vissuta, l'atleta scivola più facilmente nella forma-pensiero già pronta.

La volontà

Ciò che conferisce forza alla visualizzazione, oltre alla potenza sensoriale, è il desiderio che ciò a cui aspiriamo si avveri: il volere dà vigore e mette a fuoco il pensiero, lo vitalizza, gli dà forza.

Di tutte le bellissime qualità che ha l'uomo, la più importante è senz'altro la volontà: con il desiderio tutto è possibile, qualsiasi ostacolo è superato e annullato. Spesso ci si chiede: "...ma come faccio a sviluppare la volontà, io non ne ho!"; considerazioni di questo tipo indicano sempre qualche forma di pigrizia mentale e di vittimismo.

La volontà può essere vista come una piccola pianta

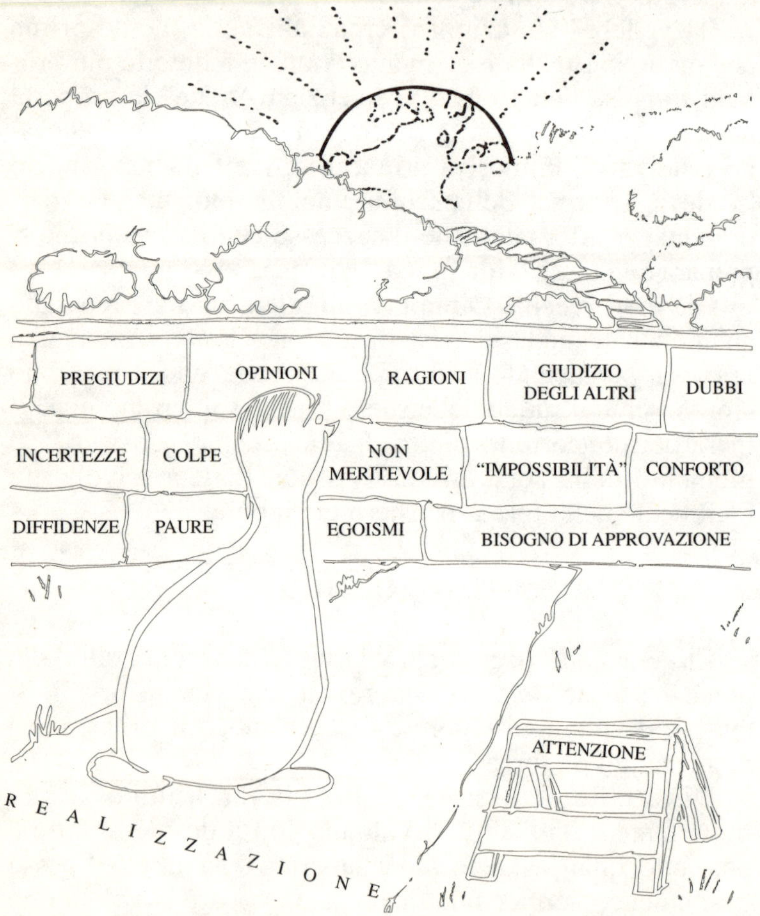
PREGIUDIZI
OPINIONI
RAGIONI
GIUDIZIO DEGLI ALTRI
DUBBI
INCERTEZZE
COLPE
NON MERITEVOLE
"IMPOSSIBILITÀ"
CONFORTO
DIFFIDENZE
PAURE
EGOISMI
BISOGNO DI APPROVAZIONE
ATTENZIONE
REALIZZAZIONE

che, se innaffiata, continua a crescere; possiamo far crescere questa nostra pianta iniziando col conquistare piccole vittorie nella vita quotidiana (concludere qualcosa che è ancora in sospeso, fare qualcos'altro in un modo diverso dal solito) per cominciare ad aver fiducia nella nostra forza di volontà; ma soprattutto rivolgendoci spesso la domanda: "È questo che voglio?"; così il piccolo germoglio diventa una quercia possente.

L'ultimo aspetto da considerare nella visualizzazione è il non-attaccamento alla nostra forma-pensiero, il che sembrerebbe un paradosso, in quanto si è detto che ciò che veste di energia il pensiero è il desiderio, il volere la sua realizzazione. Questo non-attaccamento si manifesta sia "dissolvendo" la visualizzazione, sia imparando a visualizzare senza coinvolgimento emotivo.

Il dissolvimento è necessario per evitare che la forma-pensiero della visualizzazione si trasformi in idea fissa: si può ad esempio "frapporre" l'immagine di un sipario o di un ventaglio dorato fra la visualizzazione e noi.

Quanto al non coinvolgimento, l'atteggiamento corretto è rendersi intensamente disponibili perché la cosa accada, accettando tutte le possibili svolte e conseguenze del nostro viaggio verso la realizzazione di quell'idea.

Un esempio di questo paradosso è l'atteggiamento di Madre Teresa di Calcutta nei confronti delle migliaia di malati che cura ed aiuta: vi è un grandissimo amore in Madre Teresa verso i sofferenti e vi è anche accettazione della loro condizione, perché il coinvolgimento emotivo, il piangere sulla sofferenza di uno, farebbe diminuire la sua forza nell'aiutare tutti.

Il non attaccamento verso la nostra visualizzazione è anche necessario per mantenere aperti i canali di energia attivati dal cervello destro, la nostra parte creativa; questi canali si chiuderebbero se introducessimo considerazioni come: “Speriamo che funzioni, speriamo di averlo fatto bene”... ed altre espressioni di dubbio o di critica, tipiche del cervello sinistro.

Quindi, sia l’obiettivo lontano o vicino, lo definiamo, lo visualizziamo e poi lo lasciamo andare, lo lasciamo stare, non preoccupandoci del suo raggiungimento: gli obiettivi intermedi arrivano come conseguenza; dopo esserci preparati sul piano mentale ci abbandoniamo all’energia, pratichiamo la non-resistenza imparando ad avere fiducia nel meccanismo inconscio, accettando che la nostra capacità di lavorare e concentrarci nel presente ci permetta di ottenere i risultati migliori, dato che siamo qui per fare le cose naturalmente e perfettamente.

Vivere bene funziona quando scegliamo ciò che abbiamo già e, se ci facciamo caso, quello che abbiamo già è quello che abbiamo scelto: quando accettiamo che quello che stiamo facendo è perfetto, il conflitto scompare; l’angoscia arriva quando sviluppiamo resistenza nei confronti di quello che è.

Lo scopo vero della nostra esitenza sulla Terra dev’essere mantenuto costantemente presente: noi siamo qui per evolvere e far evolvere il pianeta, non per accrescere il nostro potere materiale. Nel cercare di crearci migliori condizioni esistenziali, ricordiamoci sempre, inoltre, che la visualizzazione può anche essere limitante rispetto alle infinite possibilità che l’energia dell’Universo ha in serbo per noi.

Dovremmo ricordarci di visualizzare per essere, non per avere.

IL CORPO DI ENERGIA *

Tu sei luce e suono, energia e vibrazione.
Tu sei uno spirito che sta sperimentando
la dimensione fisica attraverso il veicolo
del corpo fisico.

Soli

Il nostro corpo è fonte di molte forme di energia: per esempio produce energia biochimica, permettendo alle cellule ed agli organi di assimilare cibo ed aria, genera energia elettromagnetica, crea energia termica (per molte persone è relativamente facile con la visualizzazione far cambiare anche di parecchi gradi in pochi minuti la temperatura in diverse parti del corpo).

Origine di queste ad altre emanazioni energetiche è il nostro corpo di energia* che, estendendosi per circa 1-2 centimetri oltre il corpo fisico, ha il compito di struttura energetica, di matrice che crea, nutre e sostiene tutte le funzioni del corpo solido. Per esempio, dopo la fecondazione la cellula inizia a dividersi moltiplicandosi in maniera vertiginosa e dando origine alle cellule destinate a diventare occhio, ossa, nervi, eccetera: è il corpo di energia dell'essere appena concepito, che si sta manifestando, ad attribuire e guidare le funzioni delle cellule che erano tutte uguali ed indifferenziate.

* N.d.A.: altrimenti noto come "corpo eterico" o "corpo vitale".

Il corpo di energia rimane inalterato anche quando una parte del corpo fisico non è più presente, come nel caso della perdita di un arto. La mancanza dell'arto si manifesta con un colore più scuro del corpo di energia in quella zona, dovuto all'inattività operativa dell'area: la parte del corpo di energia nella zona mantiene comunque memoria e comunicazione con il resto del corpo, come ben sanno coloro che soffrono della "sindrome dell'arto fantasma", inspiegabile dalla scienza medica, che dà dolori o pruriti in arti che fisicamente non ci sono più.

È il pensiero negativo che, causando uno squilibrio del corpo eterico, è all'origine della malattia fisica; quindi questa si può correggere o eliminare se si individua il blocco, la mancanza, l'eccesso o la disarmonia di energia nella persona. È sul corpo eterico che lavorano i pranoterapeuti ed altri guaritori; bisogna però aver ben presente che, se la persona non cambia o non elimina il pensiero negativo che ha causato la malattia, il riequilibrio che ottiene è solo temporaneo.

È da notare anche che il buon pranoterapeuta è un tramite che usa energie non personali, correndo altrimenti il rischio di "consumare" le proprie e di subire a sua volta uno squilibrio energetico.

Abbiamo detto che è il corpo di energia che permette l'assimilazione dei cibi da parte del corpo fisico. In esseri più evoluti, il sostentamento del corpo fisico può avvenire senza cibo, usando direttamente l'energia del sole, dell'aria, dell'acqua, con l'intermediazione del corpo eterico: questo è ciò che fanno alcuni yogi orientali, mentre in occidente è famoso il caso della tedesca Teresa Neumann, che visse per oltre vent'anni solamente con l'ostia consacrata giornaliera.

In America è stato coniato il nome di Breatharians (da breath = respiro) per persone che traggono il sostentamento del corpo fisico dal prana presente nell'aria; in tutti questi casi è l'atteggiamento mentale giusto, l'accettare che l'energia in cui siamo immersi (e a cui siamo totalmente collegati) è usabile e benefica, che crea il canale attraverso il quale il "miracolo" avviene. Un accumulo inconscio di queste energie si nota in sensitivi che, aprendosi ai canali psichici, hanno spesso una tendenza a manifestarlo sotto forma di obesità.

Meridiani e chakra

Il collegamento tra il corpo fisico ed il corpo vitale è diffuso su tutta la superficie del corpo, avvolto dalla struttura eterica come da una rete energetica. Le linee della rete si chiamano meridiani ed uniscono gli oltre 800 vortici energetici che, stimolati in agopuntura, attivano ed equilibrano le funzioni e gli organi del corpo umano funzionando allo stesso modo di una rete di irrigazione in agricoltura. La stimolazione dei punti appropriati crea delle correnti di energia che sbloccano o rinvigoriscono le aree a cui sono preposti.

L'agopuntura può essere anche usata per attenuare il dolore, favorendo la secrezione di sostanze del cervello, le endorfine, che ne riducono la percezione; in questo essa si differenzia dai farmaci analgesici, che invece fanno variare l'attività elettrica cerebrale.

Anche senza ricorrere all'agopuntura, un dolore può essere sensibilmente diminuito semplicemente sbloccando l'energia mediante il tocco del punto dolorante con la mano o le dita.

Il canale energetico principale del corpo umano scorre all'interno della spina dorsale, irradiandosi da questo "albero" in tutto l'organismo e nel cervello.

A questo canale sono collegati i sette più importanti punti energetici del corpo chiamati chakra, parola sanscrita che significa "ruota di energia", in quanto questi si muovono come piastre ruotanti.

Attraverso i chakra riceviamo e scambiamo energia con l'esterno, per esempio energia eterica dal sole, o amore o ostilità da altre persone.

I chakra permettono lo scambio di energia tra il nostro corpo, gli altri corpi e l'ambiente; la loro funzione è di adeguare l'alta vibrazione in entrata (energie come pensieri altrui, o il colore di un fiore) alla densità del corpo fisico, attraverso il corpo di energia. Questo è necessario perché il corpo fisico ha bisogno di un trasformatore, un moderatore di energia, dato che la sua densità, la sua lentezza vibrazionale non recepisce nulla al di sopra di una certa frequenza: esattamente come una pila atomica ha bisogno di un "rallentatore" di energia, l'acqua pesante, per essere ricettiva all'energia velocissima dell'uranio.

I sette chakra sono visibili come vortici, turbini di energia di colori differenti a seconda della loro funzione; l'aspetto rotante è dovuto al fatto che l'energia scorre con movimento a spirale. L'attività, il grado di apertura di ogni singolo chakra dipende dal grado di evoluzione personale e varia quindi per ogni individuo; i primi ad aprirsi sono quelli che vibrano di meno, preposti alla fisicità dell'uomo, mentre per ultimi si aprono quelli legati alle sue facoltà extrasensoriali ed alla sua spiritualità, cioè quelli ai livelli frequenziali più alti.

Quando ciò accade il canale della spina dorsale, a cui i chakra sono collegati, si apre permettendo una sempre più libera circolazione dell'energia.

In certi casi, per un incidente o per un'eccessiva stimolazione dei chakra, può verificarsi una temporanea, incontrollata, apertura del canale energetico: di conseguenza sarà inviata troppa energia ad aree del corpo non ancora pronte a riceverne in tale misura, con conseguente squilibrio del corpo energetico e quindi di quello fisico.

Più il corpo e la mente della persona si evolvono, più il suo corpo di energia, e quindi i chakra, sono recettivi alle energie esterne di persone e di avvenimenti; può quindi capitare che in certe situazioni ci si possa sentire sovraccarichi di energie provenienti dall'esterno, o all'opposto prosciugati delle nostre da persone che, con il loro modo di fare, involontariamente ci spossano. Le tecniche descritte alla fine del capitolo sono usate come schermatura contro queste influenze indesiderate.

Partendo dalla base della spina dorsale, il primo chakra è il centro di energia che vibra alla frequenza più bassa, è di colore prevalentemente rosso, ed è associato alle funzioni vitali fondamentali (il metabolismo del corpo, ad esempio) ed a sensazioni fisiche come dolore e piacere; questo chakra è rivolto verso il basso perché assorbe l'energia della Terra che serve a mantenere in vita e funzionante il corpo fisico.

Il secondo chakra, localizzato all'altezza della milza, in prevalenza di colore arancione, riceve energie che mutano il corpo eterico (corpo di energia), ed è collegato alla funzione procreativa.

Il terzo chakra si trova nella zona del plesso solare e, come si è già detto, fino a pochi secoli fa si credeva fosse la sede della mente, dato che molte sensazioni si percepiscono in quest'area: è infatti la zona dove si riflette l'emotività e il pensiero discorsivo. Il suo colore predominante è il giallo.

Il quarto chakra è il mediatore, l'equilibratore tra la nostra natura fisica (i primi tre chakra) e quella spirituale (gli ultimi tre); è localizzato nel cuore ed è importante attivarlo, perché le sue energie ci aiutano a sperimentare e ad aprirci all'amore profondo e significativo verso noi stessi e gli altri. Il suo colore principale è il verde.

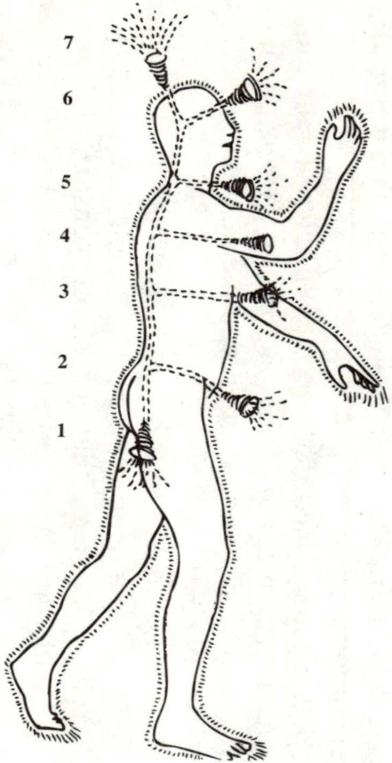

COLORE PREVALENTE		SEDE	FUNZIONE
Bianco con alone giallo o viola	7	Cupola, ghiandola pituitaria	Ricerca spirituale
Viola	6	Terzo occhio, ghiandola pineale	Natura intuitiva - Visione interiore
Blu	5	Gola	Espressione - Comunicazione Cambiamento
Verde	4	Cuore	Amore personale Compassione universale
Giallo	3	Plesso solare	Emozioni nostre e quelle attorno a noi Pensiero routinario - Potere
Arancione	2	Milza	Corpo eterico - Riproduzione Tutti i tipi di piacere
Rosso	1	Base spina dorsale	Corpo fisico - Vitalità - Sopravvivenza Esperienza con i sensi Centro di sicurezza fisica

I centri di energia

Il quinto chakra si trova nella gola ed è la sede dell'auto-espressione e della comunicazione.

È il luogo dove si manifesta la potenza della parola che crea la realtà, ed è quindi anche il chakra che aiuta la persona a cambiare il suo atteggiamento mentale e perciò la sua vibrazione (vedi la tecnica del cambiamento alla fine del capitolo).

Questo chakra, assieme al terzo che è sede dell'emotività, è il più colpito da blocchi di energia ricorrenti causati dal nostro modo di pensare, che si avvertono a livello fisico come nodi e chiusure. Persone che hanno problemi alla gola possono trarre beneficio portando una sciarpa di colore blu brillante avvolta intorno al collo.

Il sesto chakra è collegato alla ghiandola pineale ed è preposto all'intuizione ed alla visione interiore: è anche conosciuto come "il terzo occhio", ed è localizzato al centro della fronte. Lo sviluppo del terzo occhio e del terzo orecchio, cioè la capacità di avere udito psichico, ci abilita a sentire ed a collegarci con energie esterne, preposte alla guarigione, alla chiaroveggenza e alla chiarudienza; il suo colore è il viola.

Il settimo chakra è associato alla ghiandola pituitaria, è situato nella cupola della testa e si apre verso l'alto per ricevere energia fine dall'universo intorno a noi. La sua energia ha la frequenza vibratoria più alta di quelle di tutti gli altri ed è associata alla crescita spirituale; è l'ultimo centro ad aprirsi e la sua apertura denota un individuo altamente spirituale.

La sua presenza è messa in evidenza in molte religioni: il crocchio sulla testa del Budda, la tonsura circolare sul capo di alcuni ordini cristiani, l'aureola raffigurata sul capo dei santi; il suo colore è bianco con sfumature viola o gialle. Al momento della morte del corpo fisico, il corpo di energia fuoriesce da questo chakra sotto forma di una materia quasi fisica (ectoplasma) ancora abbastanza consistente da avere un peso, misurato attorno ai 400 grammi. Questo valore è stato rilevato pesando il letto su cui vi era una persona morente e misurando (si suppone con il suo consenso) la differenza di peso prima e dopo il trapasso.

Distribuiti sul corpo, oltre ai sette chakra principali, vi sono alcuni chakra minori, come i due situati sulle piante dei piedi che ci collegano con le energie della Terra, ed i due localizzati sulle palme delle mani, usati dai pranoterapeuti per mandare energia pranica ad altre persone. I chakra sono anche usati dall'uomo inconsciamente per stabilire distanze ottimali con i corpi di altri individui; nei rapporti e nelle relazioni tra le persone, i chakra (e l'aura che ora tratteremo) determinano l'attrazione, l'indifferenza o l'ostilità.

Anche l'energia dell'ambiente interagisce con noi attraverso questi centri: una musica, un fiore, una situazione emotiva li stimolano facendoli vibrare. È piacevole, se vogliamo stimolare consciamente i nostri chakra, pensare a come un avvenimento o un oggetto possano agire sulla nostra energia; per esempio, ci possiamo chiedere: "La forma, il colore di questo fiore che chakra mi fa vibrare? Quale voglio svegliare, armonizzare?".

È importante dedicare più attenzione ai chakra superiori, dal quarto in su, perché così facendo si stimola più efficacemente il canale d'energia nella spina dorsale, automaticamente armonizzando tutti i centri.

È interessante notare che il corpo vitale dei neonati sembra compresso entro il corpo fisico, con i chakra che rassomigliano ai boccioli chiusi di un fiore, non essendo stati ancora stimolati da sensazioni, emozioni o pensieri; gli unici due aperti sono i centri estremi: il primo, preposto al sostentamento del corpo fisico stesso, ed il settimo, la cui grande apertura indica che la nostra essenza, la provenienza del nostro essere, è chiaramente spirituale.

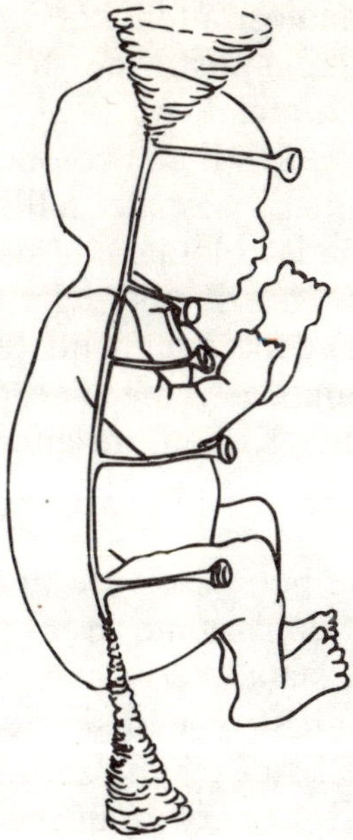

Gli altri corpi di energia

Benché comunemente si parli di "corpo di energia" dell'uomo, una più attenta osservazione mostra che questa struttura energetica ha in realtà almeno tre strati, tre livelli di vibrazione: il corpo di energia vero e proprio che abbiamo già descritto (corpo eterico), un secondo chiamato corpo emozionale (corpo astrale) ed un corpo mentale.

A differenza del corpo di energia, che si estende per 1-2 centimetri dal corpo fisico, il corpo emozionale fiammeggia per parecchi centimetri dal nostro corpo, come un caleidoscopio di colori sempre diversi.

Questa radianza, chiamata aura, è uno specchio delle nostre qualità e dei nostri difetti, delle nostre paure e dei nostri desideri, della nostra felicità.

Essendo creata dalla nostra stessa attività mentale, essa è molto instabile, in quanto varia al ritmo dei nostri pensieri e dei nostri impulsi. Il suo colore di base dipende dal livello spirituale ed emozionale dell'individuo, si evolve ad ogni istante in onde colorate che si mischiano tra loro a seconda dello stato emozionale della persona, ed è determinato da opinioni ed atteggiamenti del subconscio.

Questa emanazione, assieme al corpo di energia, è visibile con la macchina Kirlian, un apparecchio che prende foto ad altissima frequenza (vibrazione) di parti del corpo come mani e piedi.

Un apparato che può osservare tutto il corpo è invece lo schermo Kilner, consistente in un "sandwich" di vetro in mezzo al quale è stata interposta una sostanza (diacianino); con entrambi gli strumenti si ottengono informazioni sullo stato di salute fisica ed emozionale dell'individuo, in quanto correlato al tipo e colore di energia emanata.

È possibile percepire l'aura anche senza bisogno di strumenti se la si osserva contro sfondi neutri, scuri o chiari, in assenza di colori vivaci o geometrie complicate. La percezione è più facile se non si guarda direttamente la persona, ma la si osserva con uno sguardo sfocato o usando la coda dell'occhio: questo perché uno sguardo diretto coinvolge automaticamente l'analisi del cervello sinistro, con conseguente chiusura dei canali in grado di riconoscere l'aura, poiché questa è "percepita" a livello di cervello destro.

Altri sfondi che mettono l'aura in risalto sono il candore della neve, il colore lattescente di una nebbia o un sole splendente: specialmente il sole accentua il corpo di energia, in quanto lo nutre a livello della milza (2° chakra).

L'aura invece può essere fortemente dispersa dall'acqua:

un bagno completo ed improvviso può indurre il suo momentaneo disallineamento dal corpo fisico, con temporanea perdita di coscienza.

La terza forma del corpo di energia, il corpo mentale, è come un guscio luminoso ovale dentro il quale l'essere si evolve. L'aura mentale all'inizio della nostra vita è poco sviluppata, molto diafana, embrionale, in attesa che l'uomo trasformi la propria impulsività, le sue reazioni automatiche, la sua eccessiva influenzabilità.

Man mano che la persona si evolve quest'aura si irrobustisce, si densifica, irradiando tutt'intorno la ricchezza della sua armonia interiore, proteggendo allo stesso tempo l'essere da intrusioni mentali che provengono dall'esterno; la nostra comunicazione con gli altri si fa sempre più chiara e potente, e le energie disarmoniche altrui si armonizzano attraversando questa nostra aura.

Sulla base della informazioni disponibili, questo terzo corpo di energia, il mentale, è molto meno fiammeggiante e perturbato del corpo emozionale, benché abbia onde evidenti e correnti di energia che scorrono a ritmi diversi sulla sua superficie, in funzione della nostra attività mentale; i suoi colori hanno toni chiari, con sfumature bianche, gialle, azzurre.

L'emanazione luminosa più forte si trova nell'area della testa, per via del sesto e settimo chakra che, quando sono aperti, formano come una fiamma di luce che si proietta verso l'alto: certi copricapi, usati in cerimonie religiose e non, hanno funzione di evocazione e stimolazione di questo flusso luminoso.

L'arrivo dell'essere

Il periodo più importante della nostra vita è il periodo della gestazione, quando l'essere assume la sua forma fisica, con la materia che si avvolge e prende corpo secondo il tipo di energia della persona, per creare un individuo alto o basso, grasso o magro, eccetera.

È durante questa fase di passaggio da una forma di energia diafana, incorporea ad una densa, materiale (letteralmente l'atterraggio sulla Terra) che l'energia dell'individuo è più influenzabile da energie e avvenimenti esterni a lui, in special modo dalla madre che si prende cura della sua formazione corporea per nove mesi entro la conchiglia della sua energia.

L'influenza della madre sul nascituro si estende al periodo precedente il concepimento: infatti il tipo di alimentazione seguita dalla donna per almeno due mesi prima del concepimento ha buone probabilità (80%) di influire sulla formazione di un corpo maschile piuttosto che femminile, e viceversa.

Un'alimentazione ad alto contenuto di sodio e potassio e a basso contenuto di calcio e magnesio crea la predisposizione a concepire un corpo maschile. Al contrario, la predisposizione a creare un corpo femminile si prepara con una dieta materna con scarso apporto di sodio e potassio e abbondanza di calcio e magnesio.

Abbiamo già visto che, immediatamente dopo il concepimento, la cellula fecondata inizia a dividersi e a riprodursi in una sequenza sempre più veloce, con migliaia e presto miliardi di cellule che si dispongono secondo schemi ben precisi a formare pelle, ossa, occhi, eccetera, guidate dal corpo di energia dell'essere che sta arrivando.

Le cellule che formano il nuovo corpo sono naturalmente caratterizzate dal patrimonio genetico delle cellule da cui derivano: quello che si chiama ereditarietà.

Lo spermatozoo e l'ovulo, le due cellule di partenza, contengono la somma totale delle caratteristiche e l'essenza dell'energia delle persone a cui appartengono, quindi la struttura corporea di ogni individuo ha dentro la personalità, le malattie, il vissuto, il colore dell'aura dei genitori, compresi limitazioni, paure, punti di vista.

Questa eredità, benché molto forte, non cambia la gamma delle possibilità che abbiamo nella nostra vita, perché questo corpo creato da altri è abitato dalla nostra personalità, dal colore della nostra energia; è la nostra energia che è stata attirata in quella forma per vivere una certa esperienza.

Già dopo poche settimane dal concepimento, la persona comincia ad essere conscia, benché in forma "sognante", della sua situazione, ad essere in grado di udire suoni, apprezzare gusti ed odori attraverso la madre e percepire vibrazioni tattili.

L'essere in formazione è raggiunto prevalentemente da due tipi di suoni: quello a bassa frequenza del battito cardiaco della madre e quello a vibrazione più alta della voce materna. Se gli viene raccontata una favola, il bambino sarà in grado di riconoscerla dopo la nascita, anche se ripetuta da un'altra persona: questo perché già nel grembo materno l'individuo impara a distinguere le diverse sensazioni che gli giungono, e nel caso della favola riesce a distinguere il suono della voce materna dai suoni delle parole.

L'unione biochimica ed energetica tra la madre e l'essere nel suo grembo è molto stretta ed è stata constatata in parecchi modi: per esempio, se a femmine di topo gravide viene somministrato aglio, i topini che nascono lo preferiscono ad altri cibi.

È anche possibile agire sul nascituro tramite il corpo di energia della madre: per esempio, se il piccolo è ancora in posizione podalica nelle ultime settimane di gestazione (il che indica uno squilibrio di energia tra sangue e altri liquidi organici del bambino), stimolazioni dei meridiani vescica, rene e stomaco della madre fanno capovolgere il feto. Ma è soprattutto il "vissuto" emozionale della madre che influenza il temperamento ed il benessere emotivo del futuro individuo: è nel grembo materno che inizia il nostro sviluppo emotivo e intellettuale.

La predisposizione alla felicità o alla tristezza, alla sicurezza o all'insicurezza è legata ai messaggi recepiti durante la gestazione, essendo la madre il canale primario di questi messaggi.

Una madre stressata ha un'influenza deleteria sul nascituro: intensi fattori emotivi negativi contribuiscono a creare un bambino più irritabile ed iperattivo; il bambino il cui padre è deceduto durante la gravidanza mostra maggiori disturbi di tipo sociale del bambino il cui padre è deceduto durante il primo anno di vita.

In questa luce i genitori hanno grandi opportunità nella realizzazione della personalità che si sta formando: il loro modo di pensare e di comportarsi contribusce attivamente alla costituzione di un essere fiducioso in se stesso e con una buona disposizione verso il mondo.

Per incoraggiare questa fiducia in sé bisogna che la madre, dopo aver vissuto in simbiosi con il feto l'importantissima esperienza della gestazione, recida, dopo la nascita, il legame di attaccamento con il figlio, riconoscendone l'indipendenza emotiva, personale e mentale, rispettandone la diversità e la necessità di avere esperienze di vita non per forza simili alle sue: questo è il vero amore, la vera comprensione e missione materna.

Energia dalla Terra

Questa è una tecnica di 4-5 minuti per ricaricare il corpo fisico. Sedetevi comodamente su una sedia, con la spina dorsale eretta, le piante dei piedi appoggiate sul pavimento e le mani sul grembo. Fate tre respiri profondi, trattenendo ogni volta l'inalazione per qualche secondo per dare una certa tensione al corpo ed alla mente, allentandola poi con l'espirazione. Immaginate dei tubi luminosi color rubino che fuoriescono dai piedi e dal primo chakra, e che penetrano la Terra fino al suo centro. In questi tubi visualizzate l'energia vitale della Terra che sale a voi, attraverso i piedi e la spina dorsale, diffondendosi per tutto il corpo ed energizzandolo.

Armonizzare il cuore

Questa tecnica serve per entrare in sintonia con i nostri cari e le persone amate, ed anche per armonizzarci con persone con cui abbiamo difficoltà di comunicazione.

Consiste semplicemente nel visualizzare un tubo o un fascio di luce del più brillante verde smeraldo che abbiamo mai visto che, pulsante o lampeggiante, unisce il nostro cuore al cuore dell'altra persona. Praticatelo ogni volta che ve ne ricordate.

Il cambiamento

Quando siamo pronti per un cambiamento o per risolvere un problema nella nostra vita, possiamo accelerare questo mutamento o soluzione con la tecnica del cambiamento. Di fronte ad uno specchio, guardandovi negli occhi, toccate l'incavo della gola con i tre polpastrelli centrali della mano destra. Ripetete per tre o più volte la frase: "Mi dò il permesso di cambiare", oppure "Voglio cambiare".

Notate che quando si parla toccando la gola con le dita sentiamo la vibrazione delle nostre parole sul braccio ed in tutto il corpo: è questa vibrazione che, aggiunta alla nostra energia usuale, la modifica aiutando il cambiamento. Per una maggiore efficacia, pensate che i suoni che emanate sono in sintonia con il vostro cuore e con la vostra mente.

Questa tecnica è utile anche quando vogliamo approvare un nostro comportamento o darci coraggio per affrontare certe situazioni, rafforzando la nostra determinazione. In questo caso usate frasi affermative, come: "Ho totale fiducia in me stesso", "Voglio farcela", o espressioni simili.

Chiusura del 6° chakra

Il sesto chakra è il centro della ricezione di energie mentali esterne a noi. In certe circostanze questo centro può aprirsi inavvertitamente, cosicché diventiamo eccessivamente ricettivi e sensibili alle energie mentali di altre persone.

Sarà accaduto a molti di voi, per esempio, di avvertire un senso di pesantezza al capo, nell'area del terzo occhio, dopo aver fatto acquisti in un luogo stressante, in mezzo alla folla. Anche il turbinio di pensieri che ci coglie la notte, quando cerchiamo vanamente di prendere sonno, può avere la stessa origine. In tutti questi casi, la stimolazione alla chiusura del chakra si effettua sfregando per pochi secondi verso il basso, con i polpastrelli della mano destra, l'area del terzo occhio, come se si volesse chiudere una palpebra.

Energia eterica

In questa tecnica, dopo un rilassamento, una respirazione diaframmatica o durante qualsiasi tipo di respirazione, si visualizza un'apertura nel capo attraverso la quale una luce bianca o d'oro entra diffondendosi e riempiendo tutto il corpo, fuoriuscendo dalle mani e dai piedi. Visualizzate come un'onda del mare che scorre lungo tutto il corpo e che, guidata dalla respirazione, si porta via eventuali blocchi e tossine fisiche e mentali, scaricandole verso terra, dove verranno trasformate.

Il corpo d'oro

Questa tecnica si usa per eliminare eventuali sensi di angoscia, di inadeguatezza e di paura durante il corso della giornata. Fate tre respiri profondi (ogni volta contate fino a tre trattenendo il fiato) ed espirate lentamente per eliminare tensioni e blocchi da tutto il corpo.

Durante l'inspirazione seguente immaginate che tutto il corpo sia ricoperto da un'armatura dorata e lucente che ha la vostra forma, dalla sommità del capo alle dita dei piedi. Nell'espirazione visualizzate quest'armatura che si espande verso l'esterno, prendendo la forma di un ovoide entro il quale siete voi, come in un bozzolo dorato.

All'interno dell'ovoide vi è una luce dorata che vi armonizza il corpo e vi protegge, dandovi tranquillità e sicurezza, trasformando in energia positiva qualsiasi negatività diretta a voi dall'esterno. Mantenete la visualizzazione per quanto vi piace mantenerla, ma non per meno di 10 secondi. Ripetetela ogni volta che notate sensi di angoscia o paure. Questa è la tecnica più importante contenuta nel libro perché con essa, oltre che ad armonizzare il nostro corpo di energia, costruiamo la nostra aura protettiva, accelerando perciò anche la nostra evoluzione.

Tagliare il legame

Dipendenza ed eccessivo attaccamento verso gli altri sono sempre una forma di non-amore verso noi stessi.

Questa tecnica si usa in ogni situazione in cui abbiamo difficoltà ad accettare le scelte di vita dei nostri cari (che forse noi non condividiamo), quando certe persone stanno cambiando il tipo di rapporto con noi andando a vivere, con nostro rammarico, da un'altra parte, oppure quando la madre fatica a "lasciare andare" il proprio figlio, vedendolo ancora velatamente come sua proprietà e responsabilità. Scegliete un luogo tranquillo e non troppo illuminato, e profumate leggermente l'aria con un'essenza (arancia, rosa, salvia, verbena o altre di vostro gusto), oppure bruciate un bastoncino d'incenso dall'odore leggero. Mettetevi in una posizione comoda, seduti o sdraiati, chiudete gli occhi e cominciate con la respirazione diaframmatica per 3-4 minuti. Permettete che ogni inspirazione equilibri e centri il vostro corpo.

Ora, come per la Tecnica del Corpo d'Oro, durante l'inspirazione immaginate che il vostro corpo sia ricoperto completamente d'oro e che, espirando, questo rivestimento si espanda verso l'esterno a formare un ovoide protettivo nel quale vi sentite tranquilli e sicuri.

Usate alcune respirazioni per rinforzare questa visualizzazione. Continuando a respirare rilassati, immaginatevi quale un essere senza tempo che emana una luce cosmica: essa si sprigiona dal vostro cuore, vi riempie e vi protegge.

Ora vedete di fronte a voi, nel suo bozzolo luminoso, la

persona nei confronti della quale volete creare indipendenza, e vedete il collegamento tra di voi come un sottile legame di luce, come un filo di lana d'oro splendente.

Parlate alla persona, spiegando quello che state per fare, che la volete rendere libera di vivere le sue esperienze, che l'universo continuerà a proteggerla, che voi continuerete ad amarla, e ditele anche cosa provate con le vostre emozioni.

Quando vi sentite pronti, espirando fate il gesto di tirare con le mani il filo d'oro in modo che si sfilacci e si divida; lasciandolo così andare potrete vedere l'approvazione e l'accettazione dell'essere di fronte a voi, sentendo il senso di pace, di amore e di giustizia che questo vostro gesto dà ad entrambi.

Rimanete per alcuni minuti in raccoglimento, adeguando i vostri pensieri all'idea che ora siete due esseri indipendenti che devono, ciascuno, avere le proprie esperienze di vita. Ripetete la tecnica il giorno dopo.

La chiusura lampo

Gli iniziati indiani ed i membri di certe tribù dell'America del Nord hanno una tale padronanza di particolari energie, che possono addirittura deviare frecce o pallottole dirette alla loro persona.

Nella nostra civiltà occidentale non abbiamo spesso bisogno di protezioni di questo tipo, ma potremmo usare la stessa tecnica per schermare il nostro corpo di energia da quello di coloro che riescono ad influenzarlo inconsciamente squilibrandolo, prosciugandolo, "vampirizzandolo".

Questo può avvenire se incontriamo persone emotivamente agitate o anche persone verso le quali ci sentiamo insicuri ed a disagio.

Il metodo per proteggere la nostra "privacy" energetica da influenze esterne è la tecnica della chiusura lampo che consiste nel chiudere un'immaginaria zip posta al centro del nostro corpo, dall'osso pubico attraverso la testa all'osso sacro (passando per i meridiani vaso-concezione e vaso-governatore).

Con il corpo in posizione eretta, si fa il gesto di chiudere una chiusura lampo che va dall'osso pubico al labbro inferiore. Il movimento si effettua a circa un centimetro lontano dal corpo, seguendone lentamente il contorno e toccando, quindi, lo stomaco, la gola, il mento.

Arrivati al labbro inferiore si pensa di applicare un contaminuti alla lampo (caricandolo per 2-3 ore al massimo), facendo il gesto di chiudere la zip con una chiave d'oro e poi buttandola via.

Si ripete la stessa sequenza gestuale partendo dall'osso sacro, lungo la spina dorsale (riprendendola dall'alto, senza farsi male al braccio), il collo, il capo, il naso ed il labbro superiore, dove si ripete il gesto di chiusura con la chiave d'oro pensando allo stesso lasso di tempo per la protezione.

Per il periodo di tempo prescelto il nostro corpo è quindi protetto, schermato da influenze esterne negative, consce ed inconsce, di altre persone.

Va notato (ricordate l'esempio del limone) che la visualizzazione ha bisogno dell'uso dei sensi per essere efficace, perciò sentite la forma del fermaglio dello zip che tirate su, udite il suono della chiusura lampo; ovviamente anche la gestualità è importante, in quanto aggrega, accumula le energie intorno a noi.

È il pensiero di sentirci protetti che rafforza il campo circostante e che ci fa emanare un'energia diversa dal solito, che gli altri possono notare ma non riescono a spiegare.

È ovvio che la schermatura funziona per energie che

noi consideriamo negative, mentre è trasparente ad energie positive: in altre parole non ci si può schermare dall'amore o da altre energie "buone".

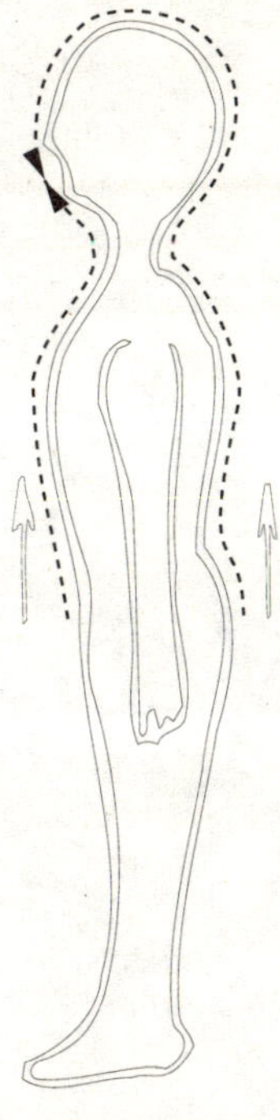

Tecnica della chiusura lampo

* * *

L'ENERGIA DEL CIBO

Il mangiare è fatto di cibo
e di pensieri.
Sathya Sai

Non rispettare il proprio corpo fisico significa far violenza alla propria spiritualità. Dedichiamo troppo poca attenzione al nostro corpo fisico, che può essere letteralmente visto come "l'astronave" del nostro essere, che ci mette in comunicazione con l'energia dell'universo intorno a noi.

Ci si prende più cura della propria automobile, mantenendola pulita e cercando di capirne il funzionamento, che del proprio corpo; abbiamo infatti un'idea molto approssimativa e piuttosto superficiale delle sue funzioni e delle sue necessità: "Dov'è il fegato, che cosa fa, di che cosa ha bisogno?" "Mah, è là ...".

Ogni organo del nostro corpo è in costante scambio con gli altri organi e con l'ambiente. Un fattore importante di tale scambio è l'energia cibo che consumiamo ogni giorno: questa energia, modificando il corpo, influenza il grado di interazione fra l'individuo e l'energia che affluisce in lui dall'esterno e dal pianeta. Per esempio, se un cibo ci provoca un'indigestione, una situazione che pochi minuti fa ci stava bene improvvisamente ci irrita: questa è una dimostrazione dell'importanza del legame tra alimenti e comportamento.

Ma l'alimentazione completa è composta sia di cibo

sia di pensieri: ciò significa che sono importanti anche i tipi di pensieri formulati mentre si mangia. L'energia pensiero determina il modo in cui l'energia cibo è recepita dal corpo perché, nel momento in cui permettiamo l'entrata

del cibo dentro di noi, automaticamente attiviamo il corpo ad altre energie, diventando quindi più ricettivi anche ai nostri pensieri.

Mangiare avendo pensieri negativi o di risentimento verso qualcuno comporta sempre una digestione molto più laboriosa che mangiare avendo pensieri armoniosi: questo è l'invisibile collegamento tra la mente e il corpo.

È da notare anche che essere consci di ciò che mangiamo vuole dire fare attenzione ai nostri pensieri: in entrambe le azioni si sviluppa la coscienza della nostra presenza in ciò che stiamo facendo.

L'influenza dei nostri pensieri sul cibo si estende anche alla sua preparazione; lo stesso cibo può avere sapori diversi e può essere assimilato diversamente dal nostro corpo, a seconda dell'atteggiamento con cui è preparato: se pensieri ed umore sono buoni, se siamo felici durante la preparazione, queste energie sottili saranno assimilate col cibo.

La salute è fisica e mentale assieme, ed è determinata dall'armonia interna della persona: un essere equilibrato si sentirà sempre in armonia con l'ambiente esterno e con le energie della natura. L'individuo si mantiene sano se conserva l'equilibrio fra le energie che entrano in lui, come nutrimento, inspirazione, eccetera, e le energie che ne fuoriescono come espirazione, movimento, pensieri, lasciandole scorrere entrambe.

L'equilibrio fisico-mentale va quindi mantenuto tramite una dieta corretta, appropriati movimenti che aiutano a rilasciare energia ed a respirare con pienezza per ossigenare sangue e cellule (yoga, lunghe passeggiate, stiracchiarsi, piegarsi o torcersi, sono tutti movimenti che aiutano lo scorrere dell'energia) e l'uso conscio di pensieri costruttivi.

Uno squilibrio dell'insieme corpo-mente conduce alla malattia, che è un segnale molto importante inviato dal corpo alla mente per dire: “Fermati e guarda, devi cambiare”, e al quale noi spesso rispondiamo: “Lasciami stare, sono troppo occupato a sentirmi male ...”.

Il modo più naturale di nutrirsi, per il corpo, è quello di ingerire una qualità di cibo per volta; l’ideale sarebbe mangiare in piccole quantità parecchie volte nell’arco della giornata, quando se ne sente il bisogno.

È da notare che la frutta viene assimilata direttamente dall’intestino, senza dover essere “lavorata” dallo stomaco: se mangiata dopo i pasti, per rinfrescare il gusto, è meglio non ingerirne troppa perché potrebbe fermentare rimanendo, nello stomaco, sopra gli altri cibi.

Se si ha sete, è meglio bere piuttosto prima che durante i pasti: a seconda della quantità e del tipo di cibo che arriva, lo stomaco secerne i succhi gastrici per scomporlo in elementi assimilabili dagli intestini; un eccesso di liquidi nello stomaco diluisce l’efficacia dei succhi gastrici, rallentando la digestione.

Verdure, frutta fresca, frutta secca (ricca di proteine e minerali), noci e yogurt sono cibi facilmente assimilabili dal nostro corpo. Anche le carni bianche, se piacciono, possono essere mangiate con moderazione, mentre le carni rosse sono sconsigliate per l’alto ammontare di tossine che contengono. Una masticazione lenta del cibo ed il pensiero che stiamo ingerendo energia benefica, favoriscono l’assimilazione veloce ed armoniosa del cibo nel nostro corpo.

Specialmente in caso di problemi di digestione, ulcere o anche quando si devono ingerire medicine i cui effetti collaterali possono essere severi, come nella chemioterapia, ci è d’aiuto visualizzare che stiamo ingerendo luce d’oro, puro amore esclusivamente benefico per noi, notando che tutti i contenitori e le etichette delle medicine da prendere risplendono di questa luce d’oro, d’amore.

La nostra dieta influenza la nostra abilità nel far fronte allo stress, accelerando o rallentando il processo d'invecchiamento del corpo: tale processo viene accelerato non solo dagli ormoni prodotti dal corpo in presenza di stress prolungati, ma anche dai radicali liberi, sostanze prodotte quotidianamente dai nostri normali processi biochimici, vere mine vaganti che si attaccano a cellule e tessuti distruggendoli.

Un'azione importante di difesa da questi guastatori viene svolta dalle vitamine e particolarmente dalla vitamina E (presente nel germe di grano e nella frutta secca) che, per questa sua capacità, viene anche usata come agente anti-invecchiamento della pelle.

La pulizia interna ed esterna del corpo è di basilare importanza: è piacevole lavarsi spesso, usando non troppo sapone e risciacquando con abbondante acqua fresca.

Durante la doccia, oltre a pulire il corpo fisico, possiamo visualizzare di "lavar via" dal nostro corpo d'energia situazioni, pensieri e somatizzazioni che non ci piacciono: aromi profumati nella doccia sono molto efficaci per liberare tensioni ed impressioni negative. È importante lavarsi spesso i capelli che, come i nostri vestiti, si impregnano di informazioni e di energie non volute.

Esponete la pelle quanto più possibile ai raggi del sole ed all'aria fresca: i bagni di acqua e di sole sono fonte di salute e di vitalità.

L'energia luminosa del sole è parte integrante del nutrimento dell'uomo. Come per il cibo, una luce artificiale che ha una vibrazione molto diversa da quella solare, può causare differenti disturbi e patologie sul corpo umano: infatti certe luci artificiali possono rappresentare un fattore di stress per gli organismi viventi, inducendo mutamenti nei processi vitali.

Questo accade sovente con la riproduzione a base tecnologica di quanto esiste in natura.

È da tener presente che quasi tutte le lampade convenzionali riproducono solo una parte delle vibrazioni della luce solare; sotto questo aspetto le lampadine ad incandescenza sono da preferire ai tubi fluorescenti che, in persone esposte per lungo tempo a questo tipo di energia luminosa, possono causare irritabilità, fatica e mancanza di concentrazione.

Questa luce è resa ancora più disarmonizzante dalla vibrazione dell'energia elettrica che eccita, per renderli luminosi, i gas all'interno dei tubi.

L'aria è un elemento energetico molto sottile, quasi immateriale; la si può usare per darci forza e, se recepita attraverso l'inspirazione e l'espirazione, può essere usata per lavare non solo il corpo fisico ma anche gli altri corpi di energia.

La salute fisica si mantiene anche con i nostri pensieri positivi, il nostro buonumore, rifiutando di lasciarci coinvolgere da pensieri negativi.

Più ci evolviamo e più riusciamo ad influenzare inconsciamente, con i nostri pensieri, il nostro corpo di energia e quindi il corpo fisico. Se questi pensieri sono negativi, possono causare squilibri e malattie: sbarazzarci di certi pensieri e fare continuamente "pulizia" nei nostri schemi mentali non è più un "optional" ma una necessità.

Questa nostra influenza sul corpo si nota a molti livelli: per esempio, abbiamo già detto che quando siamo in collera la struttura molecolare del nostro sangue letteralmente cambia; il sangue delle persone irascibili è più acido. Al contrario, più si ride, più il sangue diventa alcalino, come lo è il sangue di una persona ottimista.

Altro esempio: vi sono delle sostanze biochimiche nelle lacrime di una persona che piange per ragioni emotive che non esistono nelle lacrime della stessa persona che piange perché sta sbucciando delle cipolle.

Come sempre è la paura, conscia o inconscia, a determinare la disarmonia nel nostro corpo, preparando il terreno a malattie, epidemie e ad altre forme di energie deleterie.

L'agente fisico in sé non è la causa principale di una nostra possibile malattia: la disarmonia interiore rende il nostro corpo trasparente ad interferenze esterne non desiderate dalla mente conscia.

Rispetto al suo peso, che costituisce solo il 2% di quello corporeo, il cervello assorbe fino ad un terzo dell'energia (le calorie) che il corpo produce, in quanto il pensare è un complesso intreccio di attività elettromagnetiche e biochimiche che necessita di sangue ricco di energia: un pensiero chiaro e coerente, la creatività, un'immaginazione ricca sensorialmente richiedono molto ossigeno.

Se siamo tesi e sopravvengono pensieri di stress, questi si manifestano nel corpo come tensioni muscolari: i muscoli così privati del sangue si contraggono, limitando quindi il flusso del sangue stesso verso il cervello.

Ogni nostra sensazione di paura mette in azione questo meccanismo fisiologico del corpo alimentandone le parti tese, l'area cuore-stomaco, a svantaggio di aree periferiche come il cervello, le braccia, e le gambe: la tensione riduce la capacità di pensare, il nervosismo provoca piedi e mani freddi (la mano sudata è causata da un cambiamento rapido di temperatura da caldo a freddo, in seguito ad un'improvvisa tensione).

In caso di grande spavento, la diminuzione di ossigeno dalla testa verso il centro del corpo è così rapida e massiccia che la persona può perdere temporaneamente conoscenza.

Molte delle energie accumulate a causa di tensioni possono essere scaricate verso il basso con bagni ai piedi di

10-20 minuti in acqua calda o tiepida salata. Tra il nostro corpo e la Terra si verifica uno scambio continuo di energia: dovremmo permettere a questo flusso di scorrere liberamente, camminando a piedi nudi il più possibile.

Quando usiamo le scarpe, è bene che queste siano di pelle o di corda: evitate le suole di plastica a causa delle loro proprietà isolanti, e se usate suole di gomma, pensate a scaricarvi quando ve le togliete.

Tuttavia, ciò che si è detto per il cibo vale anche per le scarpe: il pensare attivamente che rimaniamo collegati alle energie in cui siamo immersi ci permette di usare qualsiasi tipo di calzatura... Come penso, così sono.

Cronobiologia

Bisogna sempre tenere a mente che il nostro corpo è totalmente immerso in un immenso oceano di energia che lo permea e lo condiziona secondo i suoi flussi e riflussi.

Abbiamo visto, nel capitolo "Il corpo come specchio della mente", che possediamo un orologio biologico interno il quale scandisce il tempo per il sonno, l'appetito, eccetera, secondo un ciclo di 25 ore, "riaggiustato" quotidianamente in base al cambiamento di energie esterne quali, ad esempio, il sorgere del sole.

Questo orologio biologico interno influenza il comportamento di ogni organo ed ogni funzione vitale del nostro corpo, determinando nel corso della giornata periodi alterni di massima attività e di rallentamento.

I sintomi di una determinata malattia che coinvolgono un dato organo sono quindi più evidenti durante i periodi di massima attività stabiliti dall'orologio biologico, come pure sono più efficaci le cure.

Ad esempio, gli attacchi di asma sono generalmente di insorgenza notturna, con una punta massima tra le tre e le cinque del mattino: in questo periodo il polmone è all'apice della sua attività e mostra quindi, nella malattia, le sue più evidenti deficienze. Durante questo lasso di tempo le cure sono più efficaci, com'è anche più deleterio un attacco da parte di germi ed agenti inquinanti.

Fin dalla nascita (e per tutta la vita), viviamo secondo svariate strutture di energia, le quali mutano quando si verifica un cambiamento nel nostro modo di pensare: se le nostre convinzioni si modificano, cambia la distribuzione dell'energia nel corpo, la sua elettrochimica.

Quando dei blocchi di energia o delle somatizzazioni si stanno sciogliendo, contribuendo anch'essi allo squilibrio momentaneo, potremmo recepire, a livello fisico, questo nostro nuovo modo di pensare come un qualcosa di non necessariamente piacevole nell'immediato (è un po' come durante una gravidanza: il corpo si sente leggermente fuori equilibrio, a disagio); in questo caso, stimolando l'emisfero destro con il rilassamento e sfregando i polpastrelli della mano sinistra si contribuisce a ripristinare l'equilibrio.

La dieta

Il pensare creativamente, la visualizzazione, il provare esperienze in Alfa o Teta, comportano un grande consumo di tracce di minerali: è consigliabile quindi nutrirsi di alimenti naturali, bere tè di erbe, limitare il caffè (che con la sua azione causa l'eliminazione delle vitamine).

Il corpo umano è composto per l'87% di acqua, ed il bere acqua facilita ogni funzione del nostro organismo.

Per esempio, in caso di forte desiderio di zuccheri possiamo, nel giro di una ventina di minuti, far scomparire questa voglia bevendo acqua fredda: questo perché l'acqua è un sottoprodotto degli zuccheri nel corpo, e assimilandola il corpo "pensa" di aver già assunto ed assimilato gli zuccheri.

Come la mente è capace di "fare del male" al corpo, così può fargli del bene o dargli piacere. Il nostro cervello è una centrale elettrochimica che produce e trasmette, attraverso la mente, sostanze per regolare o stimolare le funzioni del corpo.

L'insulina, per esempio, regola i livelli dello zucchero nel sangue, e l'adrenalina è prodotta in situazioni di "fuggi o combatti", ed è generalmente associata allo stress.

L'endorfina (o endomorfina) è un oppiaceo naturale, prodotto dal cervello, molto più potente della morfina: è infatti in grado di alleviare o bloccare il dolore, ci dà il piacere del cibo e ci fa "volare" naturalmente.

Il piacere che proviamo nel gustare un cibo è quindi stimolato dalle endorfine e da altri simili neurotrasmettitori coinvolti nella scelta dei cibi: cosicché ve ne sono per i carboidrati, i grassi, le proteine.

Per poter constatare l'effetto delle endorfine sul dolore, è stato esaminato un gruppo di volontari ai quali doveva essere estratto un dente: si è somministrata della morfina a una metà del gruppo, ed un placebo (scambiato per morfina) all'altra metà.

Molti del gruppo a cui era stato somministrato il placebo hanno dichiarato di aver sperimentato un miglioramento drastico del dolore (producendo spontaneamente endorfine con la propria convinzione), miglioramento che però scompare appena una droga, che annulla l'effetto dell'endorfina, viene somministrata.

L'esperimento ci mostra che, quando si crede di provare sollievo dal dolore, il cervello produce delle sostanze chimiche che contribuiscono attivamente a questo sollievo: è il nostro modo di pensare che stimola la produzione di queste "droghe" naturali del benessere. L'effetto è cumulativo: più uno si sente bene, più è ottimista, più produce il proprio stimolante. Sarebbe interessante rispondere a chi ci chiede come mai siamo così ottimisti: "Sono sotto endorfina". Al che ci potremmo aspettare un borbottio tipo: "Lo sapevo che stavi prendendo qualcosa ...".

Il nostro corpo fisico prende l'energia necessaria al suo funzionamento dall'insieme delle reazioni chimiche che avvengono in tutte le sue cellule: finché le cellule sono sane e finché vi sono i giusti elementi dentro ed intorno ad esse, l'energia potrà essere prodotta.

Gli elementi che stimolano questa produzione di energia sono il potassio ed il magnesio (specialmente il potassio) e quelli che lo alterano sono il sodio, il cloro ed il calcio (principalmente il sodio, cioè il comune sale da cucina).

Una buona energia vitale deriva dalla netta separazione di questi due elementi: il sodio deve essere relegato al di fuori della cellula, nei liquidi dell'organismo, il potassio dentro. La "pompa del sodio" è quel meccanismo, nel nostro corpo, che permette questa differenza di energia tra l'interno e l'estèrno della cellula, che funziona grazie al potassio, trattenendo il sodio sempre all'esterno.

Per esempio, perché si avvii una malattia di cuore bisogna che il sodio entri all'interno della cellula e che potassio e magnesio ne escano: infatti, questo è ciò che succede ad una cellula cardiaca che ha subito un infarto; e lo stesso meccanismo si mette in moto nelle cellule tumorali.

Agendo a livello di prevenzione, per mantenere giovani e sane tutte le nostre cellule è quindi necessario dare al nostro organismo più potassio e meno sodio.

Perciò, il consiglio è:

1) per un dato ammontare di sodio che ingeriamo al giorno dobbiamo prendere almeno il doppio di potassio.

2) Il potassio si trova principalmente nella frutta: arance, mandarini, fragole, uva (e quindi un po' di vino giova al nostro organismo), banane, meloni, pomodori.

3) Evitare le aggressioni dell'ambiente esterno: alcool, fumo, forti stress emotivi; l'adrenalina infatti manda "in tilt" la "pompa del sodio". Questa è la ragione per cui persone costantemente stressate invecchiano più velocemente della media.
4) Esercitare il corpo fisico significa armonizzarlo, aumentando il livello energetico delle cellule.

Come si è accennato prima, anche nei tumori si ha, a livello cellulare, un simile comportamento tra sodio e potassio, e quindi, anche in questo caso, si può assumere l'elemento potassio come prevenzione o come trattamento.

Per poter penetrare le difese della cellula, il potassio ha bisogno di una struttura particolare che funga da mezzo di trasporto, da missile che lo porti all'interno della cellula.

Questa struttura ciclica è data dall'acido ascorbico (la normale vitamina C), che assieme al potassio forma l'ascorbato di potassio: è in questa forma che il potassio viene assunto nel trattamento antitumorale.

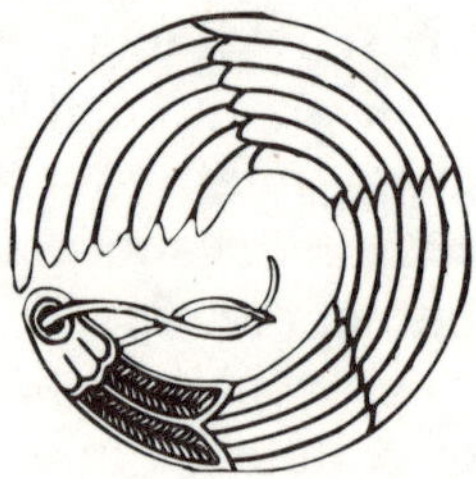

Luce d'oro

Con problemi di digestione, ulcere, o per evitare gli effetti collaterali di medicine, inclusa la chemioterapia, si visualizza il cibo masticato, o la medicina inghiottita, come costituiti da un liquido d'oro fluido e lucente, la cui luce entra in noi e si diffonde in tutto il corpo.

Estendete la visualizzazione della luce d'oro fino ad includere i contenitori e le etichette delle medicine che state prendendo.

* * *

IL CANALE OLFATTIVO

Svegliarsi vuol dire anche
ritrovare quei canali percettivi
che ora non usiamo.
Anonimo

Il naso non è solamente il luogo d'ingresso dell'aria diretta ai polmoni, ma è anche un labirinto di piccoli e grandi spazi in contatto diretto con il cervello, attraverso i quali vengono recepiti gli odori.

L'unica parte del cervello a contatto con il mondo esterno è quella assegnata all'olfatto; la sua importanza è indicata dal fatto che le cellule che registrano ed analizzano gli odori sono le sole nel cervello che si riproducono per tutta la vita.

L'uomo possiede circa 20 milioni di cellule olfattive e può riconoscere migliaia di odori differenti, mentre il cane pastore tedesco ne ha oltre 200 milioni: questo spiega perché un cane ha un fiuto molto più sensibile di una persona.

Vi è uno stretto collegamento tra l'olfatto e il gusto, i due sensi sono "cugini" per il modo in cui interagiscono l'uno con l'altro.

Il cervello interpreta in termini di sapore ciò che è semplicemente un odore e, per definire un sapore, si finisce per coinvolgere e rinforzare entrambe le sensazioni.

È sufficiente tapparsi il naso mentre si mangia o prendere un raffreddore per convincersi di questo collegamento; è anche vero che se una persona perde l'odorato percepisce solamente i sapori fondamentali come il salato e il dolce.

Assieme al tatto, il senso dell'olfatto è il nostro mezzo di comunicazione più antico, ed è anche il più diretto e coinvolgente perché entrano in noi particelle fisiche, molecole che vengono recepite direttamente con tutte le loro cariche energetiche: si pensi all'odore pungente del limone, o al profumo della persona amata, o a come un bambino si tranquillizza in un ambiente in cui vi è l'odore della madre, o a come si calma dandogli un indumento di lei.

È l'olfatto che, anche meglio della vista, ci porta dentro le situazioni in modo coinvolgente perché è un senso ancestrale molto vicino alle nostre emozioni istintive, capace di fare emergere dall'inconscio energie creative e memorie molto profonde.

Emaniamo la nostra energia, i nostri pensieri a tanti livelli, e l'odore è senz'altro uno dei vettori più importanti.

I nostri odori naturali sono sottili messaggi olfattivo-mentali sprigionati dalla capigliatura, dall'alito, dalla pelle, dai tessuti che indossiamo, cosicché possiamo dire che noi siamo "come" odoriamo, stimolando simpatie o antipatie a seconda del nostro sentore.

Quindi non solo le nostre energie emotive sono stimolate da un odore, ma la nostra emotività condiziona l'odore personale, accelerando o rallentando i movimenti organici del corpo, riflettendo i nostri pensieri.

Ad esempio, la rabbia accelera la decomposizione della bile che causa alito cattivo, una forte paura rende "pesante" la traspirazione delle ascelle, l'aggressività trattenuta produce un odore acre, mentre una persona triste sperimenta una notevole diminuzione del proprio odore.

Fino a poco tempo fa l'osservazione dell'odore di una persona era per la medicina una chiara indicazione dell'armonia energetica del corpo: vi erano quindi diagnosi sulla base di un "alito diabetico" o di un "sudore uremico", mentre, attraverso il fiato, si potevano percepire malattie in arrivo non ancora rintracciabili a livello corporeo.

In natura tutti gli odori e i profumi sono legati alla sessualità: non vi potrebbe essere riproduzione in un mondo non "profumato", le api non sarebbero attratte dai fiori e gli animali non riuscirebbero a trovare il compagno.

L'odore è il veicolo più importante di comunicazione tra gli animali: nei topi l'odore dell'adulto rallenta la maturazione sessuale dei giovani maschi e invece l'accelera nelle femmine; nelle api la regina impedisce lo sviluppo delle ovaie nelle api operaie producendo continuamente ormoni sessuali. Il cane conosce cose, persone ed animali attraverso gli odori, e se si recide il suo nervo olfattivo il cane diventa impotente.

Anche nell'uomo è l'odore che condiziona sempre l'inizio e la qualità di una relazione sessuale, poiché mette in contatto l'essenza profonda delle persone.

Molte difficoltà con il proprio partner sono causate dal rifiuto inconscio dell'odore dell'altro, il che mostra l'importanza di odori e profumi nelle scelte affettive e negli impulsi sessuali; un accanito fumatore, perdendo parzialmente l'odorato, può avere disturbi di ordine sessuale, mentre diventa difficile per un corpo senza odore stimolare reazioni sessuali in altri, allo stesso modo di un cibo privo di odore che non riesce a stimolare la salivazione.

Vi è un riscontro di ciò nel fatto che l'odore delle ascelle del maschio ha funzione stabilizzante sul ciclo mestruale della donna, favorendone la fertilità; l'odore ed il profumo sono gli strumenti di ogni seduzione.

Il profumo

Con l'odore introduciamo nel nostro corpo la sostanza, la materia di ciò che stiamo odorando; con il profumo recepiamo la sua energia, la sua essenza, la sua anima. Anticamente i profumi erano usati per ingraziarsi le divinità o per proteggere i gruppi umani da intangibili energie negative.

Oggi li usiamo per piacere a noi stessi, in quanto si insinuano nel nostro corpo facendolo vibrare in un certo modo, e per piacere agli altri, creando una nostra aura profumata che rivela con i suoi sottili messaggi il nostro vero essere al mondo esterno.

I profumi contengono il "ricordo" perché rappresentano la memoria della cosa assente ed hanno il potere di ricreare eventi passati: le esperienze legate a certi profumi sono rivissute ogni volta che se ne avverte la fragranza. Così l'odore di un luogo o il profumo di una persona ci rimandano ad avvenimenti del passato, trasportandoci dentro le situazioni più di quanto riesca a fare, ad esempio, la vista.

Attraverso profumi ed odori possiamo anche metterci in contatto con le nostre immagini più antiche, le nostre energie più istintive, perché il collegamento tra odore ed emozioni è ad un livello così profondo del nostro essere che non è mediato dalla mente logica: perciò una memoria attivata da potentissimi stimoli olfattivi può svegliare le grandi energie creative ed intuitive del cervello destro.

Certi profumi agiscono sul cervello come stimolatori di altri sensi, come quando "sentiamo" un profumo caldo come il suono di uno strumento, o colorato come un paesaggio.

Altri profumi ci aiutano a rimanere vigili e concentrati, agendo sul cervello come una specie di droga, come un caffè; questo è il caso di essenze di menta o di mughetto che sostengono notevolmente le prestazioni di chi, come i sorveglianti, i chirurghi, i controllori di volo, deve mantenere una lucida concentrazione per lunghi periodi di tempo.

La proprietà di alcuni profumi di rilassare il corpo ed eliminare lo stress è nota fin dal tempo degli Egizi, che preparavano essenze per sciogliere "senza dare ebbrezza, le afflizioni e la tensione delle preoccupazioni quotidiane" (citato da "Riza Psicosomatica"; vedi bibliografia).

Abbiamo detto che l'odore personale riflette la nostra armonia mentale: quindi l'essere armonioso dovrebbe emanare un "buon" odore. Infatti nello yoga gli alti livelli spirituali sono caratterizzati dall'emanazione di un particolare profumo di loto, mostrando la capacità dell'iniziato di trasformare le sue essenze corporee in correnti spirituali.

Nella cultura cattolica ritroviamo la stessa manifestazione: il santo è una sorgente di fragranze celestiali che diffonde percettibilmente nell'ambiente. L'"odore di santità" ha un significato letterale: ad esempio, al momento della riesumazione del corpo della Beata Teresa si propagò tutt'intorno un intensissimo profumo di violetta.

L'aromaterapia

Gli oli essenziali hanno in sé il profumo, l'energia vibratoria di fiori e foglie; possono essere visti come gli ormoni delle piante e ciascuno di essi ha il suo effetto terapeutico perché ha un'influenza vibrazionale diversa sul nostro corpo di energia.

L'aromaterapia, l'antica arte di curare usando gli oli essenziali, è quindi una forza potente per guarire la mente ed il corpo. Gli aromi degli oli essenziali hanno un effetto molto intenso sulla nostra mente, influenzando, come abbiamo già visto, emozioni, concentrazione e creatività.

Sono anche efficaci per rimuovere stati d'ansia o di depressione, per curare affezioni respiratorie ed esercitare un'azione purificante sul corpo.

Molte essenze hanno proprietà battericide e batteriostatiche (modificando il "terreno" su cui agiscono i batteri), purificando e disinfettando l'ambiente, allontanando gli insetti ed esercitando azione sedativa o stimolante; in alcuni casi di infezione si possono sostituire gli antibiotici con gli oli essenziali. Molti possono anche essere usati per la preparazione di cibi e bevande.

L'aromaterapia si pratica inalando le essenze o assorbendole attraverso la pelle. Le essenze si possono inalare dall'aria, dopo averne messe alcune gocce in un vaporizzatore o in una vaschetta piena di acqua riscaldata da una lampada; oppure si può ricorrere ai "suffumigi": per curare disturbi respiratori e raffreddori, si mettono in una bacinella d'acqua bollente 8-10 gocce di essenza di eucalipto, se ne respirano profondamente i vapori coprendosi possibilmente il capo con un asciugamano e si ripete due o tre volte al giorno.

La pelle assorbe gli oli essenziali a tal punto che alcune persone avvertono come sapore essenze spalmate sui polsi o sui piedi.

Questo perché le energie delle essenze viaggiano lungo i canali energetici del nostro corpo modificandolo, accentuando stati di gioia e creatività, oppure sedandolo.

Profumare particolari zone del corpo può quindi causare effetti diversi su di noi. Lo sfregamento dell'aroma nella parte interna dei polsi dal lato del pollice (meridiano del polmone) sblocca gli eccessi di energia del torace, del colle e della testa; i blocchi energetici nella parte inferiore del corpo si fanno defluire invece sfregando l'essenza nella zona delle caviglie tra il malleolo e il tallone. I punti sotto il lobo dell'orecchio, dietro la mandibola, facilitano lo scorrere dell'energia verso la testa, favorendo la comunicazione tra l'individuo e l'esterno.

La fossetta del giugulo permette un'irradiazione bilanciata dell'energia per tutto il corpo, lo sterno favorisce la circolazione sanguigna sessuale ed il sistema neurovegetativo, mentre l'area tra l'ombelico e il pube distribuisce l'energia del sangue in tutta la zona dell'addome.

Infine il cavo dietro il ginocchio governa la colonna vertebrale dandole elasticità nei movimenti. Gli incensi e le resine sono sempre stati considerati come strumenti indispensabili per i rituali magici e religiosi: inalare per esempio fumo di mirra e di sandalo, causa il rilassamento delle attività mentali e di conseguenza una maggiore chiarezza percettiva. Gli incensi, le resine e le piante aromatiche hanno anch'essi proprietà antisettiche e sono usati soprattutto durante le epidemie.

Le essenze possono essere usate negli ambienti in cui viviamo o lavoriamo per facilitare e migliorare il nostro vivere. Ad esempio, l'energia di una stanza in cui vi sono malati o vi è del fumo può essere cambiata bruciando dell'incenso o liberando essenze di salvia, ginepro o timo.

Nel soggiorno o nell'ufficio potremmo usare aromi stimolanti con proprietà antisettiche presenti nel geranio, nel bergamotto, nel pino, nell'arancio o nel limone; nella stanza dei bambini profumi a loro graditi e dall'effetto rilassante come camomilla, finocchio o mandarino. Nella nostra camera da letto possiamo invece provare diversi aromi, a seconda dei nostri umori: essenza di rosa, lavanda, ylang-ylang, sandalo, arancio o cedro.

Se vogliamo avere sonni tranquilli senza incubi possiamo profumarci prima di andare a letto: ci aiuterà a rinforzare le strutture della mente conscia rispetto all'inconscia. Spruzzarci con il nostro profumo preferito è utile anche prima di avere un incontro "difficile" perché ci aiuta a creare un'aura di sicurezza e familiarità attorno a noi.

Al mattino un'inalazione di essenza di lavanda ci può predisporre al buonumore, mentre durante la giornata un modo molto efficace di stimolarsi è di mettere poche gocce di essenza di basilico su un fazzolettino di carta ed inalarne i vapori.

Segue una lista di oli essenziali e dei loro effetti: sperimentateli scoprendo quelli che "vibrano" meglio con voi, facendovi riscoprire il canale profondo e misterioso dell'olfatto.

Gli oli essenziali ed i loro effetti

Essenza	**Effetti**
Anice	Tensioni e coliche
Arancio dolce	Favorisce un sonno più tranquillo - Rinfrescante - Contro l'ansia e l'agitazione nervosa
Basilico	Stimolante e rinvigorente
Bergamotto	Rinfrescante e antidepressivo
Cannella	Inalazioni in caso di affezione delle vie respiratorie - Stimola le fantasie legate alla sfera sessuale
Eucalipto	Deodora e disinfetta - Per la debolezza ai polmoni - Per schiarire i pensieri

Essenza	Effetti
Eugenia	Per stimolare la memoria e l'intelligenza
Gelsomino	Rende i timidi capaci di "osare"
Geranio	Emostatico e cicatrizzante - Contro l'angoscia - Tiene alla larga zanzare e altri insetti - Causa un breve aumento della tensione arteriosa
Issopo	Contro asma e raffreddore - Favorisce la concentrazione e la calma per lo studio e l'attenzione intellettuale - Aumenta l'aggressività negli animali
Lavanda	Essenza molto versatile - Antibatterico per gli ambienti - Contro l'asma - Contro le scottature - Per combattere l'emicrania frizionare nuca, fronte e tempie
Legno di sandalo	Rilassante
Limone	Facilita la respirazione in caso di raffreddori di testa - Utile nelle sinusiti - Rinfrescante - Frizionare sulle tempie per alleviare un'emicrania - Rafforza la concentrazione
Maggiorana	Raffreddore cronico
Mandarino	Rilassante
Menta	Benefica per asma, bronchiti, sinusiti - Frizionare sulle tempie per il mal di testa - Una, due gocce per nevralgie dentarie
Palissandro	Stimolante
Patchouli	Stimolante, rende volitivi ed espansivi
Pino silvestre	Sintomi influenzali - Debolezza dei polmoni

Essenza*	**Effetti**
Rosa	Agisce su tutti i sensi - Equilibra l'umore - Calma le ansie - Favorisce la meditazione
Rosmarino	(o finocchio) - Effetti rilassanti sugli animali - Contro l'angoscia
Sassafrasso	Copre il fumo della sigaretta - Disabitua al fumo
Timo	Stimola l'intelligenza e la concentrazione - Stimolante fisico e mentale - Il miglior antisettico naturale - Per malattie respiratorie e da raffreddamento - Rinfrescante per la stanza di un malato
Tuberosa	Facilita la comunicazione
Verbena	Contro la depressione - Rende simpatici
Ylang-ylang	Rilassante

L'ENERGIA DEL SUONO

Chiediti qual è il suono d'amore,
di accettazione e produci quel suono.
Anne e Daniel Meurois-Givaudan

Tutto il pianeta, tutto l'universo vibra come sospeso, immerso nel suono, in un tutto armonico. Non si tratta di un suono ordinario ma di una vibrazione massiccia e sottile che pervade ogni cosa: le stelle, la Terra, il nostro corpo.

Tutti gli oggetti inanimati, gli esseri viventi, la natura intera (piante, rocce, luoghi, acque, venti) trasmettono vibrazioni conformi alla loro appartenenza. Tutto ciò che vibra produce un "suono", un'onda periodica che emana e influenza i dintorni.

Due orologi a pendolo, messi vicini, tendono ad oscillare ritmicamente insieme, mantenendo questo ritmo ben oltre la loro precisione meccanica: sono entrati in risonanza, così come fanno due pianoforti nella stessa stanza o due diapason.

Anche noi abbiamo un diapason interiore che ci permette di entrare in risonanza con altre persone verso le quali ci sentiamo attratti (lasciandoci guidare, nella risonanza affettiva, dalla legge dell'Armonia, come quando due persone si sentono in sintonia al punto da sincronizzare le loro onde cerebrali), o verso forme e bellezze esteriori, come quando ci sentiamo affascinati da una statua o da un quadro.

Questa vibrazione risonante non è permanente, ma

varia a seconda dell'età, della cultura e dell'educazione di base.

Anche la nostra forma corporea è in risonanza con l'armonia interna: se vi è distorsione tra le due armonie, interna-esterna, vi è malattia.

Il nostro corpo vibra ad una frequenza totale di 8 cicli al secondo, mentre la Terra respira, pulsa nei suoi ritmi giornalieri a 7,8 cicli al secondo.

I suoni della natura, e qui includiamo anche i suoni prodotti dall'uomo, creatura naturale, ci rivelano una piccola componente di questo "ronzio" della Terra.

Possiamo notare come gli uccelli cantino assieme, come i loro suoni siano collegati ad altri suoni, come li influenzino e ne siano influenzati, come un tuono faccia vibrare una campana o ancora come gli uccelli sembrino avvicinarsi e cantare per noi quando comunichiamo con il silenzio e l'attenzione, così come anche il suono di un aeroplano possa essere perfettamente armonizzato al tutto.

Se non frapponiamo barriere alla percezione del suono e risuoniamo liberamente con il corpo fisico, possiamo entrare dentro i suoni, "vedere" il mondo come un insieme di suoni e notare che essi comunicano rivelandosi a noi.

In zone della Terra ancora sonoramente "immobili" o "sospese" è tuttora possibile influenzare la meteorologia producendo dei suoni: ad esempio battendo grosse campane per scongiurare una tempesta o sparando colpi di fucile per far precipitare l'acqua da una nube o evitare una grandinata. In molte parti del pianeta ciò non è possibile a causa della complessità della trama sonora creata dalla quantità di suoni già presenti.

Noi siamo esposti giornalmente ad un gran numero di stimoli sonori: in una stanza sentiamo il ronzio delle luci, degli elettrodomestici, del computer. Spesso ci dimentichiamo che, mentre la mente può cancellare i suoni irritanti, il corpo è sempre conscio: il fisico continua a registrare ed a rispondere all'oceano di vibrazioni in cui viviamo.

E ciò fin dalla nascita, quando le tre ossa dell'orecchio preposte all'udito sono le uniche già completamente sviluppate. L'uso del suono e della respirazione costituiscono il metodo più efficace per rilasciare le tensioni che il corpo accumula inconsciamente attraverso i suoni esterni, e per controbilanciare altre emozioni negative presenti: ad esempio, un sospiro rumoroso libera espressioni di gioia, di dispiacere o di dolore.

Senza il rilascio del suono, il corpo si irrigidirebbe: il suono è quindi necessario per ristabilire l'equilibrio fisico. I suoni di espressione emotiva senza un preciso significato, come ooh, aah, uuh, eccetera, prendono il nome di Toning. Per produrli, basta visualizzare un suono alto ed emetterlo come da un tubo, oppure osservare come li emette spontaneamente un bambino.

La parola Toning proviene dal greco "tonóo" (allungare) ed è il prolungamento conscio del suono tramite il respiro e la voce allo scopo di riequilibrare l'energia del corpo; può perciò essere usato per ridurre il dolore in aree dove l'energia è bloccata. È un suono vibratorio creato all'interno del corpo per suo beneficio, basato su sensazioni ed esperienze sensoriali. Il Toning o qualsiasi altra vibrazione sonora tonalizzata, come un gargarismo o il cantare a bocca chiusa, stimola il sistema limbico, riducendo lo stress e dandoci una sensazione di benessere.

La vibrazione tonale, che consiste nell'associare la respirazione al suono, può modificare istantaneamente la respirazione stessa, cambiare l'emozione del momento ed il flusso del sangue.

L'insieme della potenza del battito del cuore, della respirazione e del suono vocale, può diventare il legame conscio tra il corpo, lo spirito e l'anima: ascoltarsi profondamente, internamente, significa risvegliare il musicista che è in noi.

L'uso ripetitivo di un suono fisico crea una corrente sonora che stimola l'energia nei nostri corpi sottili, risvegliando il mondo interiore dello spirito: molti canti sacri delle religioni attuali ed antiche sono forme di Toning, che hanno in comune l'utilizzo del corpo quale risonatore della propria energia e di quella del gruppo. Nei canti gregoriani, ad esempio, la corteccia è direttamente stimolata, e questo suggestiona sia il corpo eterico che quello fisico.

Essere liberi di creare suoni è molto importante per il nostro equilibrio energetico: lasciamoci quindi andare, rinviando all'universo i suoni che ci circondano. Imitiamoli a modo nostro tramite i nostri suoni, lasciandoli salire dai piedi, sentendo il corpo attraversato dal suono: "driiinnn", "buuummm", "aaahhh". Un altro metodo consiste nell'ascoltare il suono mantenendoci rilassati, assorbendolo ed aprendoci alla sua energia.

La musica

Un insieme di suoni gradevoli è musica: è percepita cinesteticamente (con il corpo), influenza l'energia vitale e stimola, a seconda del ritmo, i diversi chakra.

Per esempio la musica "raggae" lavora sul secondo e terzo chakra, mentre i tamburi degli aborigeni lavorano su tutti e sette i centri di energia. Quando diciamo che una musica ci piace, in realtà stiamo affermando che quella musica ci fa vibrare il giusto chakra: questo ci indica a che livello vibrazionale, energetico siamo in quel momento.

La musica è un'energia, ed ha perciò un effetto sul corpo, gli parla in un linguaggio fatto di vibrazioni: in casa è quindi importante ascoltare la musica giusta, così come bisogna ingerire il cibo giusto e le giuste vitamine.

Anche gli animali e le piante sentono la forte influenza del suono: nelle fattorie, la musica costituisce un mezzo per far aumentare la produzione di latte e uova, mentre piante a cui non piace una certa musica tendono a crescere allontanandosi dagli altoparlanti. Invece, se la musica è gradita, la pianta avvolge i suoi rami attorno ad essi.

La voce

Come tutto l'universo è sospeso nel suono, così ogni parola o frase che emaniamo è un universo sostenuto dall'intenzione con cui la formuliamo.

Le parole possiedono forza, energia nell'intonazione e nella potenza di espressione, che viene loro impressa dalla vibrazione del nostro cuore. Il processo fisico del parlare inizia dal pensiero: il pensiero crea un impulso nel cervello che, viaggiando attraverso il midollo spinale, arriva alle terminazioni nervose che operano sul corpo, inclusi i generatori della voce. La voce riflette quindi il pensiero, l'energia della persona: è una misura del livello di sviluppo che un essere ha raggiunto. La qualità del tono di voce indica, più di quanto dicano le parole, chi siamo veramente, testimonia la nostra condizione emotiva: il timbro vocale mostra quindi, ad un livello sottile, gioia o depressione, insicurezza o fiducia.

Questi pensieri si manifestano a livello energetico sul quinto chakra, quello della gola, collegato al suono: inganno e falsità, ad esempio, modificano il funzionamento dell'energia rotante in questo chakra, creando scompensi a livello fisico.

Tramite la voce, la nostra parola deve esprimere noi stessi; dev'essere la manifestazione esterna del nostro essere interiore. Per parlare con potenza e chiarezza, dobbiamo credere a ciò che stiamo dicendo, dando il nostro supporto mentale, rilassando allo stesso tempo il corpo fisico, soprattutto i muscoli della gola: se ciò non avviene, si crea una dissonanza ed una dissipazione dell'impulso originario.

L'intenzione che anima ciò che stiamo dicendo va concepita nella nostra mente e nel nostro cuore. L'energia da noi impressa al suono muta i nostri pensieri in parole, che devono scaturire dalla bocca non come un torrente ma come uno scorrere d'acqua fresca, permettendo a noi stessi ed a chi ci ascolta di sperimentare energie e libertà interiore.

Come le parole che emaniamo possono influenzare il nostro corpo negativamente, così possono influenzarlo positivamente: le nostre costruzioni sonore mettono in movimento delle vibrazioni che modificano blocchi interiori nei nostri sistemi fisiologici, agendo anche a livello spirituale attraverso il riequilibrio e l'apertura di energie interne.

Così fa il dottore che dà la medicina, ma usa la voce per guarire il paziente. I due elementi più determinanti per modellare e vestire con i suoni le immagini mentali sono l'intenzione con cui si vuole creare l'immagine sonora e la sua visualizzazione. Per esempio, siamo in grado di utilizzare più energia quando usiamo parole associate con la natura: "sentirsi fluido come l'acqua, forte come una roccia, un fuoco d'amore".

Parlando, ne utilizziamo ancora di più se visualizziamo di collegarci, per esempio, con il sole: il suono della nostra voce è illuminato dal sole, è il sole stesso. Per una voce potentemente sonora potremmo invece visualizzare una grande cascata, per una voce vellutata la luna piena.

Il suono può provocare silenzio o rumore, armonia o disarmonia: tutto dipende dall'intenzione, dalla visualizzazione e dal ritmo della respirazione che gli conferiscono potenza e giusta direzione.

Tutti gli elementi del pianeta condividono lo stesso respiro: l'animale, l'albero, l'uomo. Il corpo umano respira circa 21.000 volte al giorno, ed anche la respirazione ha i suoi suoni: SO per l'inalazione ed HAM per l'esalazione.

Il concentrare l'attenzione su questi due suoni può essere un modo di rilassarsi ed imparare a fissare l'attenzione su ciò che si sta facendo al momento (può essere d'aiuto, all'inizio, l'uso di tappi di cera nelle orecchie per schermarsi parzialmente da suoni esterni). L'aria che respiriamo è un'energia più sottile che densa, e l'uso coordinato di intenzione, visualizzazione e respirazione aumenta il nostro potere nell'usare dell'energia.

Questo può esserci utile per creare situazioni o per aumentare la nostra capacità guaritrice verso noi stessi o gli altri, facendo vibrare ad un tono più alto le cellule del nostro corpo e stimolandone l'eterizzazione.

I mantra

Andando oltre il significato delle parole, ascoltando e lasciando che la loro trama sonora ci faccia vibrare, ci avviciniamo alla loro vera potenza: usiamo il suono come fosse un veicolo per l'intenzione che vogliamo vedere realizzata. Questi suoni si chiamano mantra, dal sanscrito "man" che significa pensare, contemplare, meditare: il mantra è quindi un suono-pensiero su cui ci si sofferma guidandolo, ed allo stesso tempo lasciandoci guidare dal suo schema sonoro (l'uso del principio mantrico con suoni come ah, umm, shh, eccetera, corrisponde al Toning).

Il mantra più familiare, più immediato e più "portatile" per l'uomo è SO HAM, il suono naturale del respiro che, osservato consciamente, ci aiuta a rilassarci e a "centrarci".

Il mantra è costituito da vocali e consonanti che creano rispettivamente energia femminile e maschile, chiamati anche "semi" del suono: un mantra può quindi essere costruito a seconda della vibrazione energetica di una persona e, quando viene usato, contribuisce alla crescita del suo corpo di energia, alla sua eterizzazione, attraverso la stimolazione dei suoi chakra.

Il mantra OM (AUM) è il suono più naturale dell'universo, essendo la somma totale di tutti i suoi suoni. Comprende qualsiasi suono noi sentiamo o possiamo immaginare: è una componente dei suoni di un'auto che si ammacca in un incidente, di un ruscello, di una persona che grida, dell'onda del mare, di un motorino che passa, del sole che brucia.

Quando tutti i suoni sono messi assieme compongono il suono OM: ciò che ci sembra disarmonia e assenza di equilibrio fra le parti è invece armonia a livello di totalità.

È l'intenzione di chi lo emette a conferire potenza al mantra: è bene chiudere gli occhi e pronunciarlo facendolo vibrare, sentendo come tutto il nostro essere vibra a diversi livelli.

Il mantra OM può essere sentito come composto da due semi, vocale-consonante, oppure da tre semi: A, che risuona nella parte bassa dei polmoni, U che risuona sulle labbra ed M che risuona sulla sommità del capo.

Dopo una breve pratica noterete che entrambi i suoni (OM/AUM) sono gli stessi, sembra che emanino direttamente dal cuore fisico, la radice del nostro respiro.

Tutti i mantra acquistano ancora più potenza se cantati in gruppo: infatti si crea un legame ritmico tra gli esseri che emettono il suono, una vibrazione ben più potente della somma delle singole energie, che allinea e rende più leggeri i corpi sottili.

Il silenzio

L'origine del suono è il silenzio: tutti i suoni iniziano e finiscono nel silenzio. A livello eterico i sensi scompaiono e ci è possibile solo ascoltare. Quando ascoltiamo possiamo percepire la pace e la perfezione del silenzio, diventando consci del fatto che esiste anche qualcosa oltre il silenzio: il suono che pervade e regge il tutto.

Il silenzio è il livello più profondo di ascolto, è parte integrante di una conversazione, come il bianco è parte del nero o il non-aiuto è parte dell'aiuto.

Attraverso l'ascolto sviluppiamo la capacità di entrare nella forza dei suoni e scoprire l'universo del silenzio, dove siamo veramente liberi e sicuri; ascoltando gli altri e noi stessi, diamo alla nostra mente rumorosa il tempo di zittirsi, impedendole di "parlare" in continuazione producendo tanti altri suoni mentali per dirci che cosa dobbiamo fare, quali sbagli abbiamo commesso negli ultimi minuti, come avremmo potuto vincere quel battibecco...

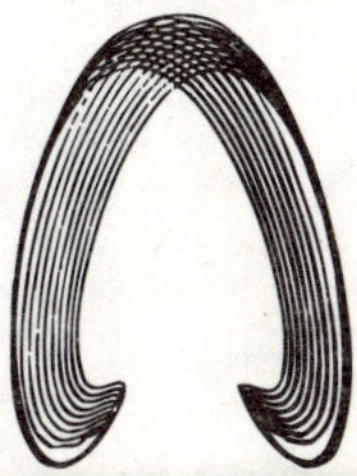

Toning

Il suono dell'ambiente si imprime e viene memorizzato dal nostro corpo; quando questo suono si manifesta, imitatelo e lasciate che il vostro corpo sia mosso dal suono.

I suoni naturali sono generalmente armoniosi, come il cinguettio degli uccelli, lo stormire delle fronde o il frangersi delle onde del mare, e l'impressione che il suono lascia sul corpo è piacevole ed armonizzante. Invece un rumore sgradevole, sia esso naturale o creato dall'uomo, lascia un'impronta spiacevole (sul corpo), ed è ciò che chiamiamo stress e tensione. In questo caso dobbiamo senz'altro rilasciare il suono, riflettendolo lontano dal nostro corpo. Ad esempio il claxon di una macchina induce la muscolatura ad irrigidirsi; la nostra mente giudica il guidatore, trattenendo possibili emozioni che vorremmo esternare: è come scottarsi un dito senza rilasciare il dolore, senza emanare nessun suono.

Quindi, invece di trattenere il suono, uscite dalla macchina se è lì che vi trovate, e permettete al vostro corpo di muoversi e di scaricare così l'eccesso emotivo, magari emettendo, se lo volete, un sonoro e spontaneo "Beep!".

* * *

L'ENERGIA COLORE

Il suono della luce,
il colore della musica,
il tocco della bellezza,
il tono del creato,
la vibrazione della vita.
John Beaulieu

Gli animali, le piante e l'uomo comunicano con i colori. Il colore è un tipo di energia più densa, meno "vibrante" di quella mentale, del pensiero, ma che vibra molto più velocemente della materia.

Il colore è una qualità della luce: è energia ad alto livello vibrazionale ancora collegabile ai nostri sensi, alla fisicità. Vi è più immediatezza, tangibilità nell'usare l'energia del colore oro per visualizzare una persona, ad esempio, che nel mandare un pensiero di affetto a quella persona: con il colore creiamo un collegamento di tipo sensoriale, fisico, mentre il pensiero non ci dà questo collegamento (naturalmente la combinazione colore-pensiero è molto più forte e completa).

Il colore è energia a livello Teta, il che vuol dire che se vogliamo accedere al nostro cervello destro a livello Teta, possiamo farlo anche per mezzo dei colori: il linguaggio di Teta sono i colori ed i simboli grafici.

Essendo il linguaggio del cervello destro, il colore è un tipo di energia con la quale i bambini entrano in relazione facilmente e con piacere: se da piccoli ci avessero insegnato a "sentirne" le diverse vibrazioni, a "leggere" i colori con le mani oltre che con gli occhi, ora da adulti saremmo in grado di farlo.

È tramite i colori ed i simboli che manteniamo aperti i canali energetici attraverso i quali possiamo rivitalizzare noi stessi e gli altri, significando anche che simboli e colori accedono automaticamente al nostro corpo, influenzandolo quando la loro vibrazione è simile alla nostra.

I colori esprimono il nostro modo di pensare, lo stato d'animo del momento, innalzando o abbassando il nostro umore: una persona depressa vede letteralmente tutto più grigio intorno a sé: è così che percepisce la realtà.

Alzandoci la mattina, decidiamo quali colori indossare a seconda del nostro umore (non esprimiamo però il nostro umore indossando tinte "di moda" poiché, in questo caso, aderiamo ad un'energia di gruppo).

Una persona che, in seguito ad un lutto familiare, si veste di nero per lungo tempo mantiene nei propri confronti e nei confronti del morto un tipo di energia che non permette il cambiamento, il continuo fluire della vita. In Cina, l'usanza del bianco dopo un lutto denota una vibrazione diversa, più leggera, che mostra anche come l'uso dei colori sia, in pratica, la manifestazione esterna di come vediamo il mondo.

Il bianco è la sintesi di tutti i colori ed il nero è il suo opposto, il non-colore. Il bianco vibra più velocemente del nero che è più denso, più materiale. Entrambi sono colori molto forti: è la connotazione che associamo al nero che gli conferisce le qualità che ha. Potremmo usarlo con efficacia nelle nostre visualizzazioni e nella nostra vita vedendolo come un colore limpido e trasparente.

Dentro un certo colore vi sono numerose vibrazioni, come nelle ottave musicali. I colori dei fiori, ad esempio, vibrano di energie colorate eteriche, molto più sottili dell'energia colore della materia più solida: una rosa gialla vibra parecchie ottave più in alto dell'energia colore di un muro pitturato di giallo.

Il fatto che le varie influenze dei colori non siano dovute alla suggestionabilità, ma ad azioni biologiche, lo si denota chiaramente osservando il regno vegetale: ad esempio, una pianta di pomodoro o di melanzana circondata dal colore giallo aumenta la sua produttività fino al 30%.

Il colore rosso ha un potere vitalizzante sull'organismo, eccita le funzioni corporee (ad esempio causa un aumento della pressione sanguigna e della frequenza respiratoria) e stimola le difese immunitarie: è una vibrazione calda, quindi per darci energia o per riscaldarci possiamo indossare indumenti di questo colore. È consigliabile perciò a persone facili ad avere piedi freddi e raffreddori.

Il colore marrone è una vibrazione che collega alla densità della Terra, stimola il mangiare ed è utile per fare "atterrare" persone che vivono un po' "con la testa tra le nuvole".

Il colore blu emana una vibrazione fredda, calmante. È usato in ambienti dove ci si vuole rilassare, come in camere da letto (se, al contrario, in questi luoghi ci si vuole eccitare, si usa il rosso).

Il blu viene usato nelle stanze di alcuni ospedali psichiatrici per calmare persone schizofreniche ed iperattive (il rosso invece per casi gravi di depressione).

Il colore verde emana una vibrazione armoniosa, utile a riequilibrare e calmare persone che si lasciano prendere dall'**ira** (potrebbero andare, per esempio, a passeggio in un bel prato verde).

I colori blu e verde si possono usare per calmare persone **irate** o **irritate**, bambini agitati eccetera, che sono nel vostro campo visivo o dall'altra parte di una stanza; rilassatevi e visualizzateli totalmente avvolti da una nebbia blu o verde, oppure vestiti e incappucciati da un saio dello stesso colore.

Mantenete la visualizzazione per un paio di minuti, ricordandovi di rimanere distaccati dagli eventi e di evitare soprattutto di pensare "speriamo che funzioni".

Il colore argento accelera l'azione dei colori che lo circondano, quindi può essere utilizzato, assieme al colore che vogliamo usare, per rendere più veloce il suo effetto. L'argento possiede anche qualità protettive simili a quelle dell'oro, ma non altrettanto potenti.

La vibrazione del colore giallo è un ottimo stimolante mentale, indossate quindi indumenti gialli durante le ore di studio o illuminate con luce gialla locali in cui volete condurre una conversazione brillante con gruppi di persone.

Il nostro corpo di energia può essere letteralmente visto come puro colore, un colore in continuo cambiamento, a seconda del nostro modo di pensare. Lo stato emotivo del momento ci porta ad emanare quei colori, visibili alle persone sensitive, che riflettono le nostre vibrazioni mentali.

Per esempio, una persona in collera "vede rosso"; la persona "nera di rabbia" letteralmente emana, nel suo rosso, proiezioni nere.

Il nostro stato di salute corrisponde a un equilibrio interno dei nostri colori, il che significa anche un equilibrio dei nostri pensieri, dato che i pensieri negativi cambiano la nostra vibrazione e quindi il nostro colore: la malattia è perciò mancanza di armonia interna.

Un'analisi del nostro corpo di energia da parte di persone sensitive rivela questi squilibri diagnosticando precocemente malattie che si potrebbero manifestare nel corpo, se non si interviene per riequilibrarlo.

Questo tipo di diagnosi precoce è possibile perché, prima che lo squilibrio del nostro corpo di energia (di colore) influenzi il nostro corpo fisico, passa un certo tempo.

Un pranoterapeuta è in grado di ripristinare questo equilibrio canalizzando energia nella parte interessata. Anche la cromoterapia, o terapia del colore, è efficace in questi casi; il "paziente" è sottoposto a bagni di luce (lampade) il cui colore viene scelto a seconda della vibrazione armonizzante necessaria.

Teniamo sempre a mente che l'effetto di tutti questi interventi è temporaneo in quanto, se non cambia la condizione mentale che ha causato lo squilibrio, il disagio fisico si ripresenta: nessuno può fare il nostro lavoro per noi. In tutto l'universo, i migliori guaritori di noi stessi siamo noi.

È da notare che anche le normali medicine, influenzando il corpo fisico, agiscono sul corpo di energia, riequilibrandolo però da un lato e squilibrandolo dall'altro, poiché spesso hanno in sé composti chimici tossici per il corpo.

Anche i colori sono "medicine" con una vibrazione più elevata, che agiscono dove quelle tradizionali non arrivano, cioè sui corpi più sottili: la guarigione tramite il colore è quindi più completa perché agisce sull'aspetto fisico-spirituale della persona.

Un modo divertente ed efficace di proiettare l'energia colore per il nostro beneficio o quello altrui è rappresentato dalla **tecnica dell'omino**, inventata in Canada in un ospedale per bambini.

La tecnica consiste nel far disegnare ai bambini un omino stilizzato sul quale essi colorano la parte del corpo in cui sentono dolore (una frattura, in questo caso specifico), operando una scelta inconscia del colore (cioè senza interferenza del cervello sinistro, il razionale). Il risultato della tecnica si è rivelato positivo; infatti le fratture di questi bambini si sono saldate in metà tempo rispetto a quelle di un gruppo campione che non aveva eseguito l'esercizio (che può essere naturalmente proposto anche agli adulti).

Il metodo consiste nell'inviare energia colore usando il canale del cervello destro (emisfero che prevale nel bambino, fino alla pubertà), attraverso il collegamento mano-cervello destro, coinvolgendo i cinque sensi.

Mandare l'energia in varie parti del corpo per curare noi stessi o gli altri è semplicemente un accelerare, un aumentare lo scorrere dell'energia che già naturalmente si dirige verso le zone malate.

Un metodo più "medicale" è la benda elettrica o magnetica già in uso in alcuni ospedali, che, trasmettendo appunto energia magnetica o elettrica alla zona interessata, contribuisce ad aumentare la velocità di cicatrizzazione delle ferite.

Il colore oro

L'oro, esotericamente e fisicamente, rappresenta la perfezione e la meta a cui aspirano tutti gli altri metalli.

L'analogia è con il leone, re della foresta, che non ha nemici né alcun interesse ad associarsi ad altri animali. Così l'oro non si combina con altri elementi; come invece fa il ferro, per esempio, che mostra affinità con l'ossigeno, si trasforma in ruggine e rapidamente scompare.

L'oro non ha queste debolezze, non ammette questa negatività attorno a sé, ed è quindi spesso usato nella visualizzazione per energizzare, schermare, proteggere.

Un esempio è **il cerchio d'oro**, che visualizziamo in posizione verticale, grande, simile ad una fede nuziale o all'alone intorno al sole, come una luce d'oro radiante, quindi energetico e risplendente.

Poiché il cerchio d'oro non ammette negatività al suo

interno, ci visualizziamo circondati verticalmente da esso cosicché ci stiamo comodamente dentro con tutto il corpo, per proteggerci (o proteggere altre persone se le vediamo dentro il cerchio d'oro) da situazioni negative.

Essendoci un ammontare infinito di energia intorno a noi, possiamo senz'altro regalare cerchi d'oro a qualsiasi persona vediamo o a cui pensiamo. Questo ci libera da preoccupazioni ed ansie verso i nostri cari, e scherma la negatività di persone con cui veniamo a contatto: basta visualizzarle per tre o quattro secondi e ripetere l'operazione ogniqualvolta ce ne ricordiamo.

Tenendo in considerazione il fatto che emaniamo il nostro modo di pensare e che il nostro modo di vivere influenza ciò che pensiamo, in termini di energia possiamo aiutare di più una persona povera regalandole un bel cerchio d'oro che del denaro.

Con la moneta accentuiamo il suo atteggiamento, il suo pensiero di "povero me", mentre questa persona deve cambiare il suo modo di vedersi, scoprire che il mondo è un immenso scrigno pieno di benessere e di possibilità, purché essa si dia il permesso di vederlo. E così, con il cerchio d'oro, noi la aiutiamo a diluire la sua negatività, a cambiare la vibrazione della sua energia, dandole modo di scoprire il suo vero essere in più breve tempo.

Più avanti troverete altre tecniche divertenti di uso dell'energia. La chiave in tutte queste tecniche è quanta potenza riusciamo a dare alla visualizzazione, il "vederne" i dettagli, cioè il coinvolgimento dei cinque sensi. Praticare qualsiasi tecnica fa sì che se ne aumenti la messa a fuoco ed il potenziale.

Lo scopo è porre il cervello in Teta per aprire i canali di energia: una continua visualizzazione dei colori o del cerchio d'oro, dopo un po' ci porta automaticamente in Teta.

Dopo una breve pratica le tecniche di visualizzazione

diventano parte della nostra vibrazione, del nostro subconscio ed il solo pensarle, non necessariamente consciamente, ne crea l'effetto.

Tecnica delle scarpe d'oro

Anche in questa tecnica si usa il colore oro come schermatura da energie negative.

Le energie, positive e negative, sono tutt'intorno a noi ed alcune sono più evidenti di altre. Per esempio, è capitato ad alcuni di noi di sentire la testa pesante stando in mezzo agli altri. Questo è causato generalmente da energia emanata da altre persone e recepita dai nostri canali di energia troppo aperti (un chakra importante, il sesto, è proprio nel capo).

Un modo poco evidente ma frequente di recepire energie altrui, passa attraverso il terreno: i piedi e la parte bassa del nostro corpo sono zone da cui può facilmente entrare energia esterna indesiderata, lasciata dagli altri. Se ci vogliamo quindi schermare da marciapiedi, pavimenti di negozi o di case sconosciute, prima di uscire di casa (e dopo avere naturalmente calzato le nostre scarpe), ci visualizziamo nell'atto di infilarci delle bellissime, lucenti scarpe o stivali d'oro, pensando che saremo protetti da intromissioni di energie esterne attraverso i piedi (pochi secondi di visualizzazione bastano).

Dobbiamo avere lo stesso atteggiamento di quando indossiamo stivali impermeabili all'umidità esterna e camminiamo con grande sicurezza nel bagnato. Una rinfrescata alla visualizzazione di tanto in tanto, durante la giornata, fa sì che l'effetto sia mantenuto.

Tecnica del filo d'oro

Questa tecnica è efficace per ritrovare persone o animali smarriti in una folla, oppure oggetti perduti (come chiavi, anelli, eccetera).

Si visualizza un filo d'oro alla cui estremità è legata la persona o l'oggetto smarrito, mentre noi abbiamo in mano l'altro capo. Mantenendo la visualizzazione di ciò che vogliamo ritrovare, facciamo il gesto di tirare verso di noi la persona o l'oggetto, "vedendolo" che si avvicina sempre di più.

Praticate per 15-20 secondi, ripetendo la tecnica di tanto in tanto fino al raggiungimento dell'obiettivo.

Tecnica dell'uovo d'oro

Un altro esempio di come usare il colore oro è l'uovo d'oro, di cui ci si serve per rigenerarsi e per neutralizzare l'azione fastidiosa di persone importune.

Il corpo umano emana in continuazione energia di tanti tipi, come una lampadina sempre accesa o una complicatissima antenna. Se, nel corso della giornata, ci troviamo in situazioni che richiedono un grande dispendio di energia e ci sentiamo stanchi, ci visualizziamo dentro un uovo d'oro massiccio, come un uovo pasquale, con le superfici interne ed esterne levigate come uno specchio. Lo specchio esterno ci scherma dalle energie delle altre persone, quello interno fa rimbalzare su di noi le nostre energie, ricaricandoci.

Due o tre minuti di questa visualizzazione sono sufficienti per riacquistare energia, altrimenti cominciamo a sentirci troppo carichi, avvicinandoci alla condizione della "pentola a pressione". Ed è qui che subentra la funzione protettivo dell'uovo d'oro; possiamo infatti metterci dentro una persona che importuna noi o altri, mantenendo la visualizzazione per dieci-quindici minuti, causandole così estremo disagio; molto presto comincerà ad associare la sua azione di disturbo alla sensazione di disagio, sicché comincerà a riflettere sul suo comportamento.

L'efficacia di questa tecnica è stata riportata da una tredicenne che usa l'uovo d'oro per calmare il fratellino pestifero: "è tale l'efficacia — dice — che devo solamente

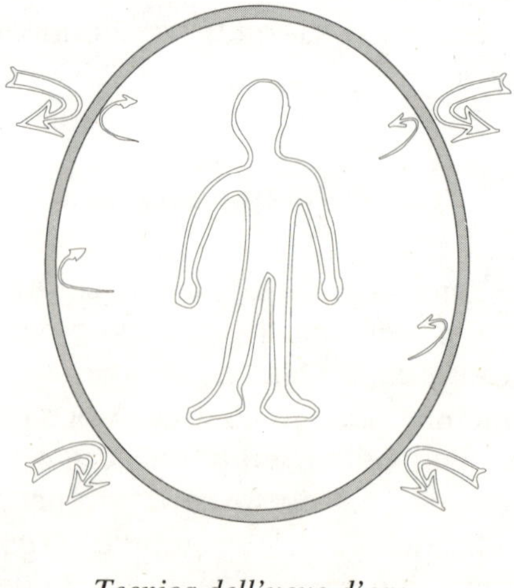

Tecnica dell'uovo d'oro

minacciarlo di metterlo nell'uovo d'oro perché si calmi e ritorni trattabile".

La tecnica per trasformare l'energia dell'ira
è descritta alla pagina 189

La tecnica del cerchio d'oro
è descritta alla pagina 192

* * *

L'ENERGIA DELLA VITA

Se ti chiedono quanti anni hai,
dì loro che hai anni luce.
Se ti chiedono quando sei nato,
dì loro che non sei mai nato.
Emanuel

Un lungo e dettagliato studio sui tipi di pensieri che abbiamo nell'arco della giornata mette in evidenza quanto i pensieri negativi dominino il nostro vivere quotidiano: dei 60 secondi che compongono un minuto ne usiamo mediamente 58 recriminando su avvenimenti del passato, accaduti un minuto fa o dieci anni fa, oppure preoccupandoci di quanto ci riserva il futuro.

Per la maggior parte del nostro tempo, quindi, rimuginiamo migliaia di volte sugli avvenimenti accaduti, come in un "replay" mentale, "vestendoli" in continuazione di situazioni che non si sono verificate: "Se solo io, lei, lui, eccetera, non avessi(mo) detto, fatto, eccetera", sommergendoci di "avrebbe potuto o dovuto essere".

Oppure ci preoccupiamo per noi e per gli altri, dell'aereo che potrebbe precipitare, del lavoro che potremmo perdere, o della malattia che ci potrebbe colpire.

Solo due secondi su un minuto noi siamo qui, presenti, vivendo e apprezzando il valore del "qui ed ora".

In situazioni di grande stress si è molto più presenti, vi è molta più attenzione all'azione del momento: un incidente o un grave trauma emotivo hanno la capacità di farci immergere nell'avvenimento mentre esso si svolge, osservando quanto accade e noi stessi nei minimi dettagli.

Vogliamo sviluppare questa attenzione anche per ogni più piccola azione quotidiana: la cerimonia della preparazione del tè per i Giapponesi o il raccoglimento e l'attenzione al dettaglio nelle arti marziali, sono modi per scoprire che ogni azione, ogni gesto hanno un significato. Osservando l'azione in svolgimento con curiosità immensa e distaccata, si recepisce meglio lo scorrere delle energie.

Quando facciamo qualcosa vogliamo farlo nel modo più totale: ciò che stiamo facendo è ciò che stiamo facendo, in perfetta armonia con noi stessi e con l'azione, con un atteggiamento di non interferenza, come una barca che scivola agevolmente seguendo il fiume veloce.

Praticando il "sii qui, adesso" la mente è sempre vigile, pronta a dirigere la propria attenzione verso ogni cosa che lo richieda. Comunemente, invece, accade che sia tutt'altro che all'erta, ingorgata com'è di pensieri e paure che non appartengono al presente. Vediamo perché.

I fili del pensiero

Si è già accennato al fatto che possiamo considerarci come antenne complesse che, a seconda del modo di pensare, emanano energia a diversi livelli di vibrazione: il tipo di energia che sprigioniamo dipende dalla nostra personalità e dalla programmazione mentale acquisita.

Queste vibrazioni sono recepite dagli altri (consciamente, ad esempio attraverso la voce, ma per la maggior parte inconsciamente) e sono la causa delle nostre situazioni di vita. Quindi quando pensiamo, letteralmente emaniamo energia pensiero; come abbiamo già detto, il pensiero può essere visto come una nuvoletta che si stacca da noi diventando un'azione o un oggetto reale: un pranzo, una chiacchierata, un litigio, una casa, un'azione disastrosa.

Se l'azione è conclusa anche il nostro pensiero è compiuto e meditiamo su qualcos'altro; se l'azione non è conclusa, o il suo sviluppo non viene accettato, continuiamo a pensarci, a fare le migliaia di "replays" che occupano il nostro tempo.

È come se ogni azione non conclusa, o non accettata, fosse ancora attaccata a noi con un filo; e le migliaia di fili collegati a tutte le nuvolette che abbiamo emanato, ma non ancora staccato (concluso), continuamente ci ancorano al passato, impedendoci di vivere nel presente.

Queste migliaia di non-conclusioni possono riguardare il lavoro o le telefonate che dobbiamo ancora fare, le lettere che dobbiamo ancora scrivere, le scuse che dobbiamo a qualcuno per il nostro comportamento (lo faremo domani...), le promesse fatte a noi o agli altri, non ancora mantenute, la non accettazione che qualcosa sia avvenuto in un certo modo (che neanche Superman può cambiare).

Nella nostra ostinazione a non accettare quello che è, o quello che è stato, coinvolgiamo grandi quantità di energia rimuginando su tutti quei "avrebbe dovuto essere" e recriminando sulle mille possibili varianti degli eventi della nostra vita.

Scegliere di scegliere

Quindi il lavoro principale sta nel liberarsi degli ingombri mentali, concludere le azioni che possiamo concludere, ed accettare tutto ciò che ci è accaduto nel passato, compreso l'ultimo minuto, senza sensi di colpa verso noi stessi o gli altri.

Ovviamente non dobbiamo gioire di "sgarbi ed ingiustizie" ricevuti, dobbiamo però accettare che sono accaduti ed esattamente in quel modo; notando anche che, senza il nostro permesso, nessuno può costringerci ad andare in collera, e che nessuno può farci sentire inferiori o stupidi senza il nostro consenso.

Nella nostra insicurezza personale attribuiamo troppa importanza alle opinioni degli altri; mai, in nessuna circostanza, dobbiamo permettere che il pensiero di altre persone sia più importante del nostro come il nostro non deve prevaricare sul loro; se siamo cresciuti e capaci di mantenerci, nessuno ha il diritto di dirci dove andare e cosa fare della nostra vita.

Se abbiamo un grosso problema chiediamo pure l'opinione di molte persone, ma poi decidiamo noi, perché siamo noi che dobbiamo vivere con le conseguenze delle nostre scelte.

Eppure, che ci crediamo o no, che ci piaccia o meno, siamo sempre stati noi a scegliere la direzione della nostra vita, o meglio, è stata l'energia del nostro inconscio a scegliere, cosicché noi siamo in questo momento la somma

totale di migliaia di scelte che abbiamo fatto da quando siamo nati: abbiamo scelto anche quando in apparenza ci sentivamo costretti da altri o da circostanze inflessibili, anche quando abbiamo optato di mantenere un lavoro o una situazione di vita che non ci piaceva. È sempre stato uno scegliere, scegliere, scegliere.

Dobbiamo sempre ricordare che è il nostro modo di vedere le situazioni che ce le fa sembrare positive o negative. E quando le vediamo come negative e ci dibattiamo inutilmente nella camicia di forza di circostanze di vita che non ci piacciono ed in cui ci sentiamo "costretti" e vittime, vi è sempre il nostro essere che dice alla nostra mente: "aspetta, so che questo non ti fa sentire bene, ma hai bisogno di questa esperienza".

Ed appena capiamo ed accettiamo l'utilità e il messaggio della situazione, questa non ci turba più e si risolve: non abbiamo più bisogno di quell'esperienza.

Quando ci rendiamo conto che non siamo vittime del nostro patrimonio genetico, dei condizionamenti o di altre circostanze, la nostra vita comincia a cambiare, scoprendo che noi siamo gli architetti principali delle nostre immagini, che il nostro vivere è un riflesso della nostra mente: non è importante ciò che ci dicono gli altri, ma quello che noi diciamo a noi stessi.

Come pensiamo così siamo: solamente noi produciamo il cambiamento, scegliamo, filtriamo. I nostri pensieri e le nostre convinzioni del presente creano il futuro, il passato è già passato.

Che assurdità castigarci nel presente solo perché una persona ci ha fatto del male nel lontano passato; cosa ne sappiamo noi di questo qualcuno, delle forze che lo hanno condotto a noi, di quello che "dovevamo" imparare? In un certo senso non possiamo parlare di altre persone, ma della nostra stessa energia in luoghi diversi, essendo tutti noi parte della stessa trama.

Qualunque sia stato il nostro passato, quello che è importante è che cosa scegliamo di pensare adesso: la nostra potenza personale è nelle scelte del presente che preparano le esperienze di domani e dell'anno prossimo; non possiamo dissipare questa potenza attribuendo la colpa agli altri per le nostre frustrazioni.

Il modo in cui gli altri ci trattano rivela come essi sono in quel momento; il modo in cui noi reagiamo rivela come siamo al momento. Avere potenza personale vuol dire vivere in armonia con noi stessi, sapendo, come il leone, che possiamo essere potenti quando scegliamo di essere potenti, e mansueti quando scegliamo di essere mansueti.

L'importanza del fioraio

Se qualcuno ci chiedesse: "Qual è per te la persona più importante tra tutti gli abitanti del pianeta, te compreso?" verrebbe naturale a molti rispondere: il mio compagno di vita, o i figli, o i genitori, o fratelli e sorelle, o anche il fioraio all'angolo; raramente metteremmo noi stessi al primo posto.

Questo perché ci sembra troppo egoistico sentirci più importanti degli altri, specialmente più dei nostri cari: la verità è che l'egoismo lo stiamo praticando al presente, dicendo di amare qualcuno "disinteressatamente", pretendendo però che si comporti secondo i nostri desideri e le nostre aspettative; è un ricatto sottile, con atteggiamenti appena velati, che dicono "Più fai come ti dico io, più potrò amarti", oppure "Ho sacrificato la mia vita per te, spero che te ne ricorderai quando ne avrò bisogno!", il che assomiglia più ad un investimento bancario che ad un amore altruista.

Vi sono persone che, suggestionate da personalità più

forti della loro, o da false idee del dovere, dedicano la vita a individui la cui unica malattia è il bisogno di attirare su di sé l'attenzione degli altri o di dominare.

Non è sempre automaticamente corretto sentirsi responsabile di qualcuno, curarsi di qualcuno non è necessariamente benefico; è sempre meglio valutare prima ogni situazione.

Vi sono le classiche vittime che manipolano le persone mostrandosi deboli: il migliore aiuto che possiamo dare ad una persona così è il non aiutarla, il farle capire che può e deve farcela da sola, con tutto il nostro supporto ed il nostro amore, ma da sola; noi non vogliamo e non possiamo percorrere la strada al suo posto.

In altri casi possiamo dedicare la vita, anche totalmente, ad un'altra persona; basta essere assolutamente certi che questo è il nostro "vero" compito, che questa esperienza è richiesta dal nostro essere.

Non è facile scegliere tra noi stessi e gli altri, specialmente quando cominciano a subentrare i sensi di colpa creati dai nostri schemi mentali o che gli altri ci addossano; è allora che è davvero importante capire e provare l'amore più bello, l'amore verso noi stessi.

Amarci profondamente vuol dire guardarci dentro ed accettare completamente quello che vediamo, i molti difetti ed i pochi pregi che potremo scoprire, perché il vero amore è avere un grande rispetto di chi siamo: non ha funzionato criticarci per anni, tanto vale iniziare ad approvarci.

La comprensione e l'accettazione di chi siamo ci dà automaticamente tolleranza verso gli altri, verso il mondo; darci spazio per essere chi siamo apre lo spazio per accettare gli altri come sono. Questo è vero amore: amare senza chiedere niente in cambio, accettare che gli altri non devono mutare in nulla per meritare il nostro amore.

Il succo dell'arancia

È un fatto che sentirsi bene come individui contribuisce al benessere della società; se vi sono situazioni che non ci piacciono nella società non serve, e perciò non ci interessa, piangere per il mondo; vogliamo sentirci responsabili per questo nostro pianeta, e vogliamo agire e fare qualcosa.

Il bisogno fondamentale di tutti noi è di contribuire al cambiamento del pianeta e delle persone e ciascuno ha molto da offrire, in un modo unico.

Il contributo può essere una o molte cose, solo il nostro

essere conosce lo scopo della nostra vita, la ragione della nostra venuta sulla Terra: molte volte però non lo confessiamo neanche a noi stessi per paura della potenza, della forza, della luce che potrebbe venircene o delle responsabilità che dovremmo assumere.

Per trovare questo nostro scopo dobbiamo guardare dentro di noi, accettando che chi siamo è già abbastanza, che quello che facciamo è già importante, e scopriremo che il nostro desiderio più grande è di essere chi siamo già realmente.

La nostra potenza sta nell'importanza di chi siamo ed è già così elevata che quando siamo nati la materia si è formata attorno al nostro essere, non viceversa.

Invece, nel desiderio di risolvere i nostri problemi, cerchiamo le soluzioni all'esterno: per esempio, se vogliamo amore lo potremo cercare in cento situazioni di vita, ma non riusciremo a trovarlo se non è già dentro di noi.

Noi emaniamo quello che è dentro di noi e ci ritorna la stessa cosa; se emaniamo mancanza d'amore è questo ciò che troviamo, se amiamo possiamo amare solo nella misura in cui amiamo noi stessi. È come spremere un'arancia: otterremo sempre succo d'arancia, non è che di tanto in tanto caveremo succo di melone o di mandarino; da un'arancia viene sempre fuori succo d'arancia, esce fuori sempre quello che c'è dentro.

Se non abbiamo rispetto di noi stessi il mondo non ci rispetta, e ci lamentiamo. Se vogliamo approvazione dobbiamo smettere di pensare che ne abbiamo bisogno; se diventiamo amore non abbiamo più bisogno di cercare amore, ci arriva; se diventiamo felicità non cerchiamo felicità.

C'è la storia del gattino che insegue la sua coda; passa il gattone saggio e gli chiede che sta facendo; "Mi hanno detto che la mia felicità e nella mia coda, voglio acchiapparla cosicché sarò sempre felice" dice il gattino. "È vero che la felicità è lì — risponde il gattone allontanandosi con la sua coda — ma non è necessario acchiapparla, tanto se ce l'hai te la porti appresso in qualsiasi cosa tu faccia".

Guardando persone infelici notiamo che queste sono affamate di sentimenti e cercano di "afferrarli" dalla vita, scoprendo presto che le persone e la vita stessa non danno loro ciò di cui hanno bisogno: "Stai qui, ho bisogno di te", dicono quindi ad un amore che sta svanendo o ad un caro che li sta lasciando.

Questo è egoismo, dipendenza: l'unica persona della vita di cui abbiamo veramente bisogno siamo noi stessi; dovendo vivere con noi per tutta la vita, dovremmo lavorare a darci amore e ad avere sempre il piacere della nostra presenza, della nostra compagnia.

Le forme del dare sono molte: amore, apprezzamento, averi, soldi, amicizia. L'energia scorre e nel dare facciamo spazio perché altra energia fluisca verso di noi: così se diamo amore ci arriva più amore, se regaliamo i nostri abiti creiamo nell'armadio lo spazio per i nuovi.

Il tempo di dare è sempre adesso, dare è una forma di energia ed ha origine da una sorgente d'amore; quindi ce n'è un ammontare infinito. Ricordiamo che veramente tutto quello che diamo agli altri, in realtà, torna a nostro beneficio; dobbiamo però trovare in noi stessi la giusta motivazione del dare, cosicché doneremo per il piacere di farlo e non per sacrificio o virtù.

Dare vuole anche dire aprirsi al ricevere; non è corretto dire: "Per carità, a me piace solo dare, ricevere doni mi imbarazza".

Quest'atteggiamento blocca l'energia degli altri che stanno dando e la nostra energia-donare che sta tornando a noi.

Donare significa anche dare a noi stessi, rendendo omaggio a chi siamo; se ci opponiamo a questo dovremmo senz'altro riservare un dono anche a noi stessi ogni volta che ne offriamo uno ad altri.

Amore e paura

Il vero scopo della nostra vita è quello di essere noi stessi, il nostro vero lavoro è trasformare il pianeta. Immaginiamoci come sarebbe il mondo se milioni di persone smettessero di mentire a se stesse e diventassero menti chiare, aperte, dirette, sbarazzandosi di tutto il bagaglio mentale (l'insieme delle credenze) e fisico (i dolori) che impedisce loro di sentirsi realmente vive!

Ma il cambiamento di milioni di persone comincia con il cambiamento del singolo individuo; questo mutamento avviene per scelta, rifiutando di rimanere attaccati a ciò che siamo stati, non difendendo più i nostri limiti e scegliendo di liberarcene superandoli. Il cominciare è importante, il fare è importante, il rischiare è importante. Il "rischio" che associamo alle nostre azioni dipende solo dai nostri schemi mentali; la cosa da capire è che ci sono credenze comuni, che però non hanno verità oggettiva: ci guardiamo intorno e ci possono sembrare vere, ma è solo perché molta gente ci crede ed agisce di conseguenza.

Dentro di noi vi sono due emozioni fondamentali dalle quali derivano tutte le altre: una è l'amore, l'altra è la paura; noi scegliamo di sperimentare l'una o l'altra a seconda di quello che vogliamo imparare e quando siamo guidati dalla paura non viviamo nella realtà.

La paura è una corrente di energia che percorre il nostro corpo, è un atteggiamento falsante acquisito da bambini, una vecchio nastro registrato della mente.

Vivendo con paura coloriamo di essa tutto ciò che ci circonda. Perché c'è tanta povertà? Perché c'è tanta paura che fa dire: "Non c'è abbastanza benessere per tutti".

Anche l'AIDS è una dimostrazione molto severa di come la nostra paura possa colpire, poiché la paura assume molte forme: la paura di "non avere" abbastanza ingenera gli eccessi emotivi, sessuali, alimentari responsabili della caduta delle barriere immunitarie.

È ancora la paura che di fronte alla morte fa dire: "Se ne sono andati per sempre, sono morti", invece che "Hanno lasciato il loro corpo".

Ma "handicap mentale", "povertà", "morte", appartengono al vocabolario dei nostri schemi mentali, perché in realtà nessuno "scompare" nella pazzia, nella miseria o in alcun altro luogo: il nostro essere è troppo grande per farlo.

Proviamo grande sgomento quando qualcuno muore poco tempo dopo essere nato, e non crediamo che questa possa essere l'esperienza che doveva fare in vita; non accettiamo che la vera tragedia sta nel fatto che il dono che egli fa agli altri con la sua esperienza non viene recepito.

È sempre su noi stessi che piangiamo e non ci preoccupiamo di capire ed accettare le energie al lavoro: tutti noi portiamo doni; la povertà e l'handicap sono scelte dall'essere per imparare qualche cosa su se stesso e come dono d'amore agli altri per aiutarli a riconoscere le loro paure così da poterle trasformare.

Non pensiate che vi sia qualcuno che viaggia solo: gli handicappati o i "diversi" sono onde dello stesso oceano, facciamo tutti parte dell'arazzo, siamo venuti uno per l'altro, per insegnare ed imparare, insegnando quello che vogliamo imparare.

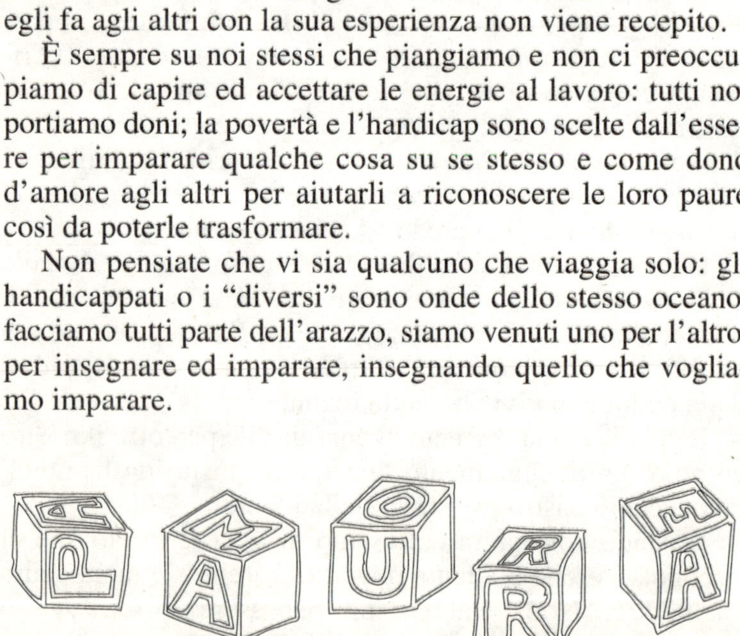

Siamo venuti per accendere la luce ad uno sconosciuto per strada con il nostro comportamento, ed il comportamento dello sconosciuto può aprire il nostro cuore, svegliando qualcosa che ci stimola al cammino.

Vi sono quelli che credono di avere casa e sono senza casa, e quelli che sono senza casa e invece ce l'hanno. Chi decide qual è più importante: la casa materiale o quella spirituale? Chi stabilisce qual è più grave: la povertà fisica o quella psicologica? Il fatto è che abbiamo tutti lasciato casa per venire qui: questa non è la nostra casa principale e passiamo la vita a cercarla.

È quindi la nostra paura che ci ha abituati a vivere infelici, generando i nostri pensieri negativi e facendoci credere che, dato che tutti la pensano allo stesso modo, questa infelicità sia una condizione naturale.

Perciò la cosa più efficace da fare, se vogliamo cambiare il mondo, è trasformare le nostre idee sulla vita, sulla gente, in qualcosa di più reale e positivo, agendo di conseguenza, conducendo la vita che decidiamo di volere, scegliendo ciò che desideriamo creare, visualizzando il modo in cui vogliamo essere, accettando che solo noi possiamo trasformare l'ambiente che ci circonda.

Notate come il bambino impara a nuotare: prima è lì, sul bordo della vasca, desideroso di entrare in acqua. Tuttavia, sapendo di non essere un nuotatore, non osa lanciarsi fino a quando il suo atteggiamento mentale cambia: allora si butta e nuota.

Nell'attimo in cui ciò avviene niente è cambiato nelle sue abilità fisiche, nel modo in cui riesce a coordinare braccia e gambe per stare a galla, ma tutto è cambiato nel suo modo di vedersi (allo stesso modo, un fumatore smetterà di fumare quando si vedrà come un non-fumatore: infatti i non-fumatori non fumano...).

Se vogliamo cambiare noi stessi, però, la domanda da

rivolgerci non è "Che cosa ho sbagliato?", ma "Posso crescere, voglio cambiare?", perché non vi sono sbagli nella vita, quello che ci accade lo vogliamo per fare esperienza: l'errore è solo una nostra valutazione.

Il cambiamento che vogliamo realizzare è più facile se scegliamo di associarci a persone che ci motivano, che sorridono, che ci ascoltano, che ci fanno sentire bene, che ci fanno sentire grandi; qualsiasi cosa vogliamo o sognamo di fare, la dobbiamo cominciare, dobbiamo tuffarci, osare, perché l'inizio ha in sé genio, magia, potenza.

Un saggio proverbio cinese descrive così questa potenza: "Il viaggio delle mille miglia comincia con il primo passo". È il solo modo di cominciare.

Il deserto alberato

Immaginiamo ora di osservare delle montagne, e di guardarle attentamente da tutti i punti di vista.

Se riuscissimo a mettere da parte i nostri gusti (forse ci piacciono cime aguzze piuttosto che montagne tondeggianti con un misto rocce-foreste ed una spruzzata di neve) e guardassimo solamente, dovremmo convenire che le montagne non hanno bisogno di nessuna aggiunta o sottrazione per migliorare, per raggiungere la perfezione: sono perfette così come sono.

Ripetiamo la nostra osservazione con il deserto, notando che anche qui, se eliminiamo il nostro gusto personale che potrebbe farci preferire il bosco alle sabbie roventi, il deserto è proprio come dev'essere, a prescindere dal fatto che se volessimo piantarvi tanti alberi dovremmo poi chiamarlo foresta: anche il deserto è perfetto esattamente così com'è.

Continuando a ripetere le nostre osservazioni con qualsiasi altro elemento della natura: le stelle, le stagioni, i mari, gli alberi... notiamo che, a parte i nostri gusti, tutti questi elementi sono assolutamente perfetti così come sono: la montagna è, il deserto è, la roccia è.

Guardiamo all'albero: quando è perfetto? Da piccolo? Da grande? D'estate o d'inverno? Lo è sempre. Una colonia di formiche o di altri "parassiti" lo renderebbe un perfetto albero con formiche: l'albero è, è sempre come deve essere in qualsiasi momento della sua vita.

Così, guardando vicino a noi, di lato, lontano, in alto e in basso, non vediamo nient'altro che perfezione; vi siamo immersi e ne siamo circondati: tutto è perfezione in natura. "Eccetto una cosa: l'uomo - direbbe qualcuno. - L'uomo è l'unico elemento di disarmonia nel creato, nell'universo, l'uomo sopprime, interferisce, distrugge; se non fosse per l'uomo la natura sarebbe in armonia".

Ma quel qualcuno vedrebbe con il colore della paura, che deforma la perfezione in imperfezione. Un gatto che gioca con il topolino fino a che questo muore per arresto cardiaco è crudele? Il gatto è.

Il castoro che distrugge l'ecologia dell'intera vallata, causando tra gli animali migliaia di morti e di senza tetto, è un egoista? Il castoro è.

E l'uomo è, noi siamo. Siamo esseri molto più evoluti e potenti di altri, ma anche noi facciamo totalmente parte della natura e siamo totalmente guidati dalle sue leggi, attraverso il nostro corpo e la nostra energia e quindi siamo anche totalmente perfetti nel nostro comportamento, in ogni istante della nostra vita.

Come l'albero che è già perfetto ma continua a crescere, anche noi continuiamo a crescere, perché tutto si muove, tutto scorre, tutto si evolve, non verso la perfezione ma in perfezione.

Tutti i sensi di ingiustizia, di colpa, di inadeguatezza, ci provengono dalle nostre registrazioni mentali, da condizionamenti acquisiti, che ci fanno interpretare la vita come successo o fallimento, positività o negatività, mentre invece l'unica cosa che veramente vogliamo è l'esperienza.

Non siamo venuti per capire la vita, ma solamente per viverla, per sperimentarla.

Naturalmente, come l'albero è totalmente perfetto e continua a crescere perché vive in perfezione dinamica, così noi nella nostra perfezione continuiamo a crescere, liberandoci di aspetti del nostro carattere di cui non abbiamo più bisogno per evolvere.

È essenziale per la nostra pace mentale, insieme ad un grande amore per noi stessi, accettare tutte le nostre caratteristiche, specialmente quelle che non ci piacciono, perché riconosciamo che proprio quelle ci hanno illuminato su noi stessi e la vita: se vogliamo cambiare qualcosa, prima dobbiamo accettare che questo qualcosa esiste ed ha una ragione per esistere.

Accettare, approvare, amare quello che vediamo in noi stessi ci fa emanare il tipo di energia che può cambiare la nostra vita, il nostro lavoro, la nostra casa, il nostro corpo: se noi ci vogliamo bene non abusiamo né di noi stessi, né del nostro corpo, né degli altri.

Qualcuno potrebbe dire: "Beati gli angeli, stanno così bene senza corpo, senza emozioni".

Non proprio, perché gli angeli non imparano niente; sono il corpo, le emozioni, la densità fisica dell'energia che insegnano. L'ideale sarebbe essere angeli con il corpo: e questo è il nostro desiderio raggiungibile.

La grande autostrada

Si crede che la felicità dipenda dall'avere più amore, più soldi, più sesso, più vacanze.

Nessuno vede la sua felicità nell'accettazione di ciò che è, separato da ciò che era o da ciò che sarà: la vita è quello che è, non quello che era o dovrebbe essere o potrebbe essere.

Come si è già detto a conclusione del capitolo sulle visualizzazioni, vivere bene funziona quando scegliamo ciò che abbiamo già e, se ci facciamo caso, quello che abbiamo già è quello che abbiamo scelto: quando accettiamo che quello che stiamo facendo è perfetto, il conflitto scompare; l'angoscia arriva quando sviluppiamo resistenza nei confronti di quello che è.

La nostra mente si oppone a questo modo di vedere la realtà per via dei nostri sensi fisici: a noi sembra che il nostro stato mentale sia completamente controllato dall'informazione che riceviamo; così siamo pronti a giurare che è il mondo esterno la causa del nostro stato d'animo. In realtà stiamo guardando il mondo alla rovescia.

Avremmo bisogno di una rivoluzione, di un terremoto mentale per credere che ciò che vediamo è determinato dai nostri pensieri: i nostri pensieri sono la causa, ciò che vediamo è l'effetto; quindi se i nostri pensieri sono di paura, vediamo tutto il mondo in questa luce e naturalmente qualsiasi cosa vediamo rafforza questa nostra convinzione.

E ancora, se vogliamo la pace dobbiamo iniziare dai nostri pensieri, da qui si espanderà verso l'esterno: non ci sarà mai pace sul pianeta finché un solo essere non sarà in pace con se stesso.

L'unico significato della vita è vivere le situazioni, sperimentarle, cosicché possiamo crescere ed evolverci; in questa luce le nostre valutazioni di successo o fallimento non hanno nessun peso, perché quello che ci serve è solamente sperimentare.

Quindi ogni individuo può scegliere il suo modo di vivere, la sua direzione, la sua velocità: tanto stiamo tutti andando a casa ed il tempo è una misura artificiale che esiste soltanto nella mente.

È come se ciascuno di noi scegliesse la propria corsia sull'autostrada della vita: la strada è larghissima con centinaia di corsie, cosicché siamo liberi di scegliere dove stare, o anche di cambiare ripetutamente corsia, nessuno ci dice cosa fare e dove andare.

Però, a mano a mano che proseguiamo nella vita e nella nostra evoluzione, il numero di corsie diminuisce e vediamo in lontananza che la strada si restringe ad una sola corsia che passa su un ponte, il ponte della responsabilità.

Tutti prima o poi vorremo fare questa scelta, nessuno potrà mai costringerci o potrà farlo per noi: la scelta è accettare che noi siamo totalmente responsabili della qualità della nostra vita. Così facendo scegliamo la verità e cominciamo a vedere la realtà com'è al di fuori dei nostri schemi mentali, progredendo sempre più nel capire e nell'usare l'energia di cui siamo fatti noi e l'universo; questa accettazione della responsabilità comporta anche un'esperienza vibrazionale per il nostro corpo, poiché permette alla nostra densità di fremere e liberarsi più velocemente della materia, aiutandoci a crescere.

Vi sono due modi di vedere questa responsabilità, uno è attivo e l'altro passivo, uno ha a che vedere con l'energia che emaniamo, l'altro con l'energia che attiriamo: i due sono equivalenti.

Nel primo caso la persona si sente responsabile della totalità degli avvenimenti che accadono nella sua vita, perché sa che tutte le energie sono collegate e che è stata sua la scelta di nascere in quel tempo.

Nel secondo l'essere accetta la responsabilità della sua reazione a qualsiasi fatto gli accada o di cui diventi conscio, ben sapendo che se ha un particolare tipo di reazione è perché ha un particolare modo di pensare e quindi di reagire.

Per esempio, Madre Teresa di Calcutta sceglie di sentirsi totalmente responsabile della condizione e del benessere delle persone da lei curate. Il che non vuol dire che si faccia una colpa delle condizioni di quegli individui: dal suo centro di amore può dare un amore immenso e distaccato, aiutando senza coinvolgimento emozionale, accettando di non interferire nel piano di vita delle altre persone, in ciò che hanno scelto di sperimentare; anche perché un suo coinvolgimento emozionale verso una persona la impoverirebbe di energie che vuole dare anche ad altri.

I livelli di esistenza

Ogni evento che ci accade nella vita contribuisce alla nostra conoscenza insegnandoci qualcosa, aggiungendosi alla nostra programmazione, influenzando la nostra energia: siamo noi che scegliamo l'importanza che l'evento ha per noi, la sua influenza, il modo in cui ci cambia.

Se l'accettazione dell'evento è totale possiamo anche vederlo come creato da noi, lo facciamo nostro: se, per esempio, accettiamo totalmente il fatto che in questo momento piove, ci possiamo sentire responsabili per ciò che sta accadendo e possiamo vedere perciò la pioggia come creata da noi.

Per esempio, la persona che subisce molti incidenti e che rifiuta di assumersene la responsabilità sta inconsciamente ammettendo la sua colpa; mostra inoltre quanto incida la sua "potenza creativa" sulla frequenza degli incidenti.

Molti di noi non si sentono "vivi" perché si accontentano di rimanere ad un livello di esistenza dove non hanno esperienza della vita: non vi partecipano ma la subiscono, mantenendosi in uno stato di inconsapevolezza per la maggior parte del tempo. Sentirsi vivi è sperimentare i momenti piacevoli e quelli spiacevoli, afferrarne il significato, capire veramente di essere "qui, adesso".

Il segreto è che la vita funziona già, il cercare di farla

funzionare è negare questa verità. Ma, assorti come siamo nei nostri "problemi" del momento, non riusciamo ad accettarla e, sperando di far funzionare meglio la nostra vita, cerchiamo di deviarla con grande sforzo per dirigerla dove vogliamo arrivare, dove crediamo che saremo più soddisfatti.

Il fatto è che, in qualsiasi posto vogliamo andare, arriviamo sempre qua, nel presente, perché è sempre nel presente che dobbiamo vivere, che dobbiamo sperimentare la vita; e siamo già qua.

"Mio figlio (mia madre, il mio partner, eccetera) non mi ascolta mai" dice qualcuno: se accettiamo il fatto e ci prendiamo la responsabilità del non essere ascoltati, creiamo lo spazio per esserlo; quello che accade è che veniamo ascoltati. Il fatto è che, per come funziona la vita, la realtà può solo essere sperimentata; non possiamo imparare la verità da nessuno, solo da noi stessi. Ad esempio, l'esperienza dell'amore è personale come tutte le esperienze, nessuno può insegnarcela; l'hanno già detto in molti,

Buddha, Socrate, Gesù e tanti altri.

La nostra crescita riguarda solo noi e nessun altro può esserne responsabile. Potrà accadere che un certo tipo di esperienza non ci piaccia e che se ne cerchi un'altra che ci aiuti a crescere di più, ma anche in questo caso il risultato finale dipenderà solo da noi e non da un'altra persona. Saremo cresciuti quando saremo cambiati "dentro", con la disponibilità a lasciare andare, a lasciar morire chi siamo stati per rinascere quali siamo veramente.

Ci sono frammenti, parti di noi che stanno sperimentando il sentirsi persi nella densità della materia: ci siamo scordati di essere i creatori e siamo diventati i creati.

Sul pianeta noi siamo gli studenti: le rocce non hanno bisogno di studiare, sono qui per insegnare; gli alberi non hanno niente da imparare.

Ogni cosa sul pianeta è neutra fino a quando non la tocchiamo con la nostra attenzione: il canto dell'uccello che sentiamo non è mai stato sentito prima, questa è la nostra importanza. Dobbiamo accettare che siamo responsabili del modo in cui sperimentiamo la vita.

Per "essere" veramente non dobbiamo far niente altro che vivere la vita, perché noi siamo già totalmente compiuti così come siamo; dobbiamo anche accettare che va bene sentirsi a disagio per questo "niente" che c'è da fare.

Se vogliamo sapere chi eravamo possiamo continuare coi vecchi metodi, se vogliamo sapere chi siamo dobbiamo abbandonarli, accettando che tutto quello che c'è da sapere sulla vita è: "Quello che è, è; quello che non è, non è".

LA VISIONE DEL FUTURO

Ogni sentiero è solo un sentiero.
Guarda ad ogni sentiero con attenzione,
deliberatamente.
Prova il sentiero tante volte
quante pensi che sia necessario.
Poi chiedi a te stesso:
"Questo sentiero ha cuore?"
Se ce l'ha, il sentiero è buono,
se non ce l'ha, non ha nessuna utilità.
Un saggio Yaqui

Vivere l'energia

L'essenza dell'insegnamento di questa era che cominciamo a comprendere, è che non si può guardare e capire qualcosa separatamente dal suo ambiente, ma è necessario vederlo come manifestazione ad un diverso livello della stessa energia.

Così si deve capire che l'oro è lo splendore denso del sole, la materializzazione della qualità solare, che l'argento è un riflesso della vibrazione lunare, che una somatizzazione nel corpo è creata da un modo di pensare o che i canali di irrigazione di un campo ed i meridiani di energia dell'uomo sono manifestazioni diverse di qualità uguali.

Osservando queste correlazioni, queste similarità, queste interconnessioni cominciamo a vedere un nuovo universo, non più fatto di oggetti e fatti separati, ma in cui tutto è unito, tutto si compenetra, un universo in cui ogni cosa si riflette su tutte le altre influenzandole.

Così ci guardiamo intorno ed osserviamo che le persone, suscitando in noi simpatia o antipatia, funzionano in realtà come specchi che riflettono, con la nostra reazione al loro comportamento, qualità di noi stessi che ci piacciono o non ci piacciono.

Perciò, se non ci piace qualcosa di qualcuno, in realtà ci stiamo dicendo che quella persona inconsapevolmente ci rende evidente qualcosa di noi stessi che non ci piace; ci mostra una parte di noi che in quel momento è in disarmonia col tutto.

Alla stessa maniera una malattia ha in sé l'indicazione della disarmonia, il messaggio che dice: "Fermati e guarda".

Quindi di fronte a malattie, contrattempi o grandi traumi di vita, la domanda dovrebbe sempre essere: "Che cosa voglio imparare da questa esperienza?", tenendo presente che le lezioni non ci si presentano se non quando siamo pronti ad assimilarle.

Ci è spesso difficile accettare il fatto che possa esserci un insegnamento in qualsiasi situazione ci capiti di vivere.

Questo perché la nostra mente vede le situazioni in termini di positivo-negativo, successo-fallimento, invece di permetterci di vedere la vita come una continua esperienza: dobbiamo sempre ricordare che l'elemento creatore delle nostre esperienze sono i pensieri, le opinioni che scegliamo noi; quindi possiamo anche scegliere di cambiarli.

Il fatto è che il nostro pensiero tradizionale è ben radicato nella nostra mente che da anni segue sempre la stessa conformazione, con il posizionamento dei neuroni nel cervello in configurazioni formatesi fin da quando eravamo giovanissimi.

Il cambiamento verso un diverso modo di pensare sembrerebbe quindi fisicamente difficile, radicato com'è nell'abitudine; ma in realtà non lo è, tenendo conto che l'attuale modo di pensare non è naturale perché non corrisponde a come funzionano le cose, a come scorre l'energia.

Dobbiamo solamente avere il coraggio di iniziare il cambiamento, di ripulire la dimora mentale dai pensieri negativi, di notare che le cose che si presentano come più difficili da fare hanno in sé la "lezione" più grande, di accettare che la malattia si può curare modificando gli atteggiamenti della mente e che le convinzioni del subconscio sono facili da cambiare se si ascolta il cuore.

Cambiare vuol dire soprattutto accettare il passato, ammettere che qualsiasi cosa sia successa ha avuto importanza per il suo insegnamento, accettando che se alcune persone non ci hanno dato amore è perché nessuno ha insegnato loro ad amare se stesse, capendo anche che quelle persone possono aver sofferto in silenzio per questa mancanza.

Questo ci viene più naturale se abbiamo dentro di noi l'amore ed il rispetto verso noi stessi, cosicché possiamo rispettare le scelte di vita degli altri. Per ottenere il nuovo dobbiamo lasciare andare il vecchio, riconoscendo che la programmazione dataci da altri ha influenzato la nostra vita; ora scegliamo di eliminarla considerando la possibilità di cambiare il lavoro che non ci piace, o di sfoltire nella nostra vita i doveri che ci "costringono" continuamente ad adeguarci alle esigenze altrui: siamo un "universo" che ha passato molto tempo ascoltando le opinioni degli altri ed ora è arrivato il momento di ascoltare anche noi stessi, di ascoltare anche la nostra verità.

E così ci svegliamo a chi siamo veramente, scoprendo che il pianeta ha bisogno del nostro contributo, di chi siamo, esattamente così come già siamo.

La risonanza della specie

I componenti della natura sono così totalmente immersi

nella grande struttura di energia che è il Pianeta da non potersene distaccare nemmeno per un solo istante: i fiori, le piante, gli animali esistono come energie completamente armonizzate con le altre energie attorno a loro.

Solo l'uomo può distaccarsene con la mente e guardarle come se fossero separate da lui; è la sua mente che crea l'illusione della separazione, perché così facendo può sperimentarle, trasformarle (siano esse energie fisiche, emozionali o mentali) e quindi crescere.

Noi siamo esseri che hanno scelto di sperimentare la dimensione fisica; a causa della gravità l'energia è diventata forma e, aggregandosi tutt'intorno al nostro essere, ha creato il corpo; qui sta l'importanza di chi siamo.

Nel muoversi attraverso l'addensarsi dell'energia, l'essere ha perso temporaneamente un po' della sua purezza, finendo con l'identificarsi con le sue energie emozionali e mentali, che invece era venuto per trasformare: da trasformatore diviene trasformato. Siamo qui per sperimentare le nostre emozioni, non per essere governati da esse; non siamo il nostro corpo, non siamo le nostre emozioni, non siamo la nostra mente: siamo l'essere universale.

A seconda della strada, della crescita, che abbiamo già percorso siamo più o meno consci dell'esperienza che stiamo facendo, e più consci diventiamo, più contribuiamo con le nostre forme-pensiero, con la nostra energia all'evoluzione del Pianeta.

Il nostro stato di consapevolezza determina la densità o la leggerezza vibrazionale della nostra materia e, quindi, del mondo.

Il contributo dell'energia del singolo nei confronti del gruppo è noto non solo per quello che riguarda l'uomo, ma anche nel regno animale. Studiando da vicino alcune colonie isolate di scimmie, in un'isola dell'arcipelago giapponese, i ricercatori osservarono che un nuovo comportamento (come lavare delle patate commestibili per liberarle dalla sabbia) era diventato patrimonio di un gruppo diverso di scimmie che abitavano altre isole, non comunicanti con la prima.

La scoperta significativa fu che questo nuovo comportamento apparve solo dopo che un certo numero di scimmie nella prima isola lo aveva imparato, diventando consuetudine diffusa in tutta la seconda isola entro una giornata.

Questo esempio ci mostra l'importanza del contributo dell'energia individuale all'energia del gruppo: una volta che un modo di comportarsi si è manifestato nell'individuo, diventa più facile per altri adottare lo stesso comportamento, attraverso una sintonia del gruppo, una risonanza energetica della specie.

Notiamo anche, nell'esempio, che vi è "accumulo" della nuova conoscenza prima che questa possa diffondersi: solo dopo avere raggiunto una certa "massa critica" l'energia della nuova cultura può diffondersi.

Le energie del gruppo creano forme-pensiero recepite da individui che appartengono allo stesso gruppo: è l'energia, il comportamento della specie il deposito da cui attinge conoscenza il singolo individuo, sia esso albero, formica, uccello o uomo.

Per quanto riguarda la nostra specie, sta già accadendo a livello planetario che i pensieri dei singoli si intreccino, contribuendo al cambiamento della cultura mentale dell'umanità, rafforzando la grande trama eterica che permette un aumento vibrazionale di tutte le persone e di tutto il mondo.

Ne consegue che siamo responsabili, come gruppo, del livello di vibrazione e di pensiero di tutta l'umanità e che è nostra responsabilità cambiare ciò che non ci piace.

Ad esempio, il fatto che esistano insetti molesti per

l'uomo, come le zanzare, indica che le energie totali dell'umanità permettono che questa forma esista: le zanzare appartengono alla schiuma dell'oceano di energie che i nostri pensieri collettivi hanno creato ed esisteranno fino a quando la nostra energia lo permetterà.

Questo non vuol dire che come singoli individui non si possa raggiungere con le zanzare un trattato personale di pace, di "mutua non interferenza" sui nostri rispettivi corpi: "... Fino a quando mi lascerai in pace io farò altrettanto...".

Spirito e corpo

Per cambiare la nostra energia, la nostra vibrazione, per diventare più spirituali non è necessario pensare solo allo spirito e disinteressarci delle cose materiali. Impariamo con tanti sforzi ad andare molto in alto col pensiero, per arrivare a capire che è invece "qui" che dobbiamo stare.

La spiritualità penetra dappertutto nella materia. Se vogliamo essere molto spirituali dobbiamo accettare prima la nostra materialità, il nostro corpo che è fatto così, il nostro modo di pensare che funziona in questa maniera, le emozioni che ci danno tristezza e gioia, depressione e piacere; solo allora potremo cambiare le cose che vogliamo cambiare.

La vita è la nostra maestra, l'uomo conquista la liberazione dai propri schemi mentali nel vivere quotidiano, per la strada, con la gente; possiamo vivere la nostra realtà solo se ci stiamo dentro, sperimentando chi siamo, vivendo pienamente il momento. Se proviamo noia nella nostra vita quotidiana è perché non "siamo" qui, adesso.

Se pensiamo che vi è qualcosa nella nostra vita che non ci piace e che vogliamo cambiare, possiamo pure scegliere di andare a fare i missionari in un'altra parte del mondo, ma è sempre nel "qui, adesso" che dobbiamo lavorare, perché la missione più importante è nelle terre selvagge del nostro essere. Qui. Adesso.

La nostra vita interiore per essere sperimentata deve servirsi del corpo come canale di comunicazione; quindi dobbiamo conoscerlo per non usarlo più inconsciamente come barriera verso gli altri.

La nostra è una cultura anticorporea che ha in sé la convinzione che dal corpo venga il peccato (mentre sarebbe più veritiero dire che il "peccato" viene dalla mente); dobbiamo invece scoprire il piacere di manifestare il nostro corpo che vive, che si muove, che ama, lasciando affiorare sul viso le emozioni e le sensazioni che proviamo.

È importante quindi tenerlo in forma con tecniche corporee (danza, teatro, mimica, yoga), comunicare con gli altri toccandoci, stringendoci, abbracciandoci, sorridendoci e aiutandoci reciprocamente.

Anche il meditare a occhi chiusi aiuta, attraverso una mente più rilassata, a migliorare le qualità del nostro corpo e ad allungare la vita; un'altra forma di meditazione è quella dinamica, di movimento, che facciamo nei momenti della giornata in cui riusciamo ad essere totalmente presenti e consapevoli di quanto stiamo facendo.

Tutte le conoscenze che abbiamo accumulato a livello mentale, che ci risuonano nella testa a livello intellettuale, non hanno molto valore se non sono applicate e vissute, se non raggiungono il cuore. Questo è particolarmente vero per le tecniche mentali, le visualizzazioni, che sono uno strumento molto potente per la disciplina del corpo e della mente.

Le tecniche ci aiutano molto bene a capire come usare le nostre energie e quelle intorno a noi; praticandole possiamo modificare la nostra energia, cambiando gli eventi della nostra vita e noi stessi.

Non è necessario però farlo per tutta la vita: infatti, continuando ad applicarle, presto diventano parte della nostra energia personale, del nostro modo di essere; possono quindi agire indipendentemente dal nostro conscio, proiettate dall'inconscio quando ne abbiamo bisogno, come, ad esempio, nel caso di una tecnica protettiva nei riguardi dell'energia negativa di un'altra persona.

Spirito e Karma

Vi è in molti di noi un certo fatalismo verso gli avvenimenti della vita, giustificando i propri ed altrui comportamenti con frasi come "Sono fatto così, è un fatto genetico, tanto è destino...", e così via; con ciò implicitamente dicendo che vi è un grande piano cosmico e noi siamo umili pedine, vittime di immense forze tanto più grandi di noi.

Il che è anche un'ottima scusa per giustificare il nostro comportamento. È vero che nasciamo con predisposizioni, che già durante la vita fetale siamo fortemente influenzati dall'ambiente e che abbiamo certi tipi di geni che ci predispongono a certe malattie, ma è anche vero che il nostro essere è più forte di tutto il bagaglio che ci siamo portati appresso.

Dobbiamo accettare che siamo stati noi a voler sperimentare una certa situazione di vita perché avevamo bisogno dell'esperienza della frustrazione o delle difficoltà per imparare quello che volevamo imparare.

Chi non vuole ancora cambiare, chi non sceglie né esercita il proprio potere è ancora guidato dal pensiero che tutto sia predestinato, ed ha una scarsa comprensione della legge del Karma; questa infatti non prescrive che si debba sopportare la punizione presente per errori passati, ma di fatto così avviene fintantoché non prendiamo coscienza delle nostre capacità di trasformazione e non diventiamo esseri interamente responsabili.

In realtà non vi è nulla che ci predestina, nulla che Dio offra all'uno e non all'altro, se non quanto abbiamo già raggiunto e quanto scegliamo di fare oggi: è la persona stessa che non si offre la libertà del libero arbitrio, non accettando che la vera "punizione" è ciò che noi scegliamo di ripetere o sperimentare per aumentare la conoscenza di chi siamo. Dal momento in cui ammettiamo che non siamo prigionieri del nostro passato, che vogliamo cambiare e crescere, il destino ed il Karma non ci "costringeranno" più ad agire in una certa maniera; liberando la nostra potenza superiamo il Karma, e la prigione della predestinazione scompare.

Vi sono molte persone che si sentono in difficoltà ad accettare il concetto di Dio ed il suo operato, anzi spesso lo rifiutano per via del suo operato, o per il modo in cui Dio è "usato" da certi gruppi di persone, o per i ricordi spiacevoli associati al modo in cui il concetto di Dio è stato imposto.

Ma queste persone stanno confondendo il vero Dio con il Dio visto dalla mente umana, fatto a loro immagine e somiglianza, attribuendogli le proprie limitazioni e sentimenti come delusione, ripicca e vendetta, infondendo così paure a molti e rifiuto agli altri. Il fatto è che non possiamo misurare Dio con la nostra mente.

Dio esiste anche senza la nostra approvazione. Dio è energia, è amore, è non-misurabilità. Dio è il sole glorioso e Dio è nell'acqua sporca, è in una zanzara fastidiosa, in una giornata piovosa, è in tutto e dappertutto.

Dio è dentro. Dio è. Dio è l'energia universale che non giudica e non critica, che riflette le nostre credenze nella vita, che ci dà esattamente quello che richiediamo, ciò di cui abbiamo bisogno al momento. Anche quando quello che vogliamo ci può far male temporaneamente, Dio ce lo dà, senza esitazione, senza rimproveri e senza nessun pensiero di punizione, perché sa che abbiamo bisogno dell'esperienza e perché Dio non possiede altre emozioni all'infuori di un infinito amore.

E poi ci sono le nostre opinioni e convinzioni su come Dio sia, e molte di queste sono basate sulle opinioni che qualcuno ci ha propinato come verità e che non fuzionano per noi. Un grande Dio, il Dio vero non ha "bisogno" di essere onorato, di vedere riconosciuta la sua potenza; il Dio "interpretato" dagli uomini ha invece questo bisogno. Ciascuno di noi deve trovare il proprio Dio dentro di sé, nel "colore" che è più conforme alla propria energia, accettando il fatto che Dio è sempre molto più grande di quanto pensiamo e che si può manifestare in tante forme, in tante religioni, come le mille sfaccettature di un diamante.

Le religioni sono come i tanti tipi di cibo nella credenza di cucina.

Ogni cibo, nel suo barattolo, pensa di essere il migliore, forse anche l'unico commestibile; ma la credenza li tiene tutti assieme trattandoli alla stessa maniera e noi, potendo vedere l'insieme, scegliamo quello che preferiamo.

Così noi abbiamo le nostre preferenze religiose, ma dobbiamo anche rispettare le scelte degli altri, smettendo di concentrarci sulle differenze e diventando invece più attenti alle somiglianze; forse che qualcuno sa di certo in quale chiesa va Dio? Quelli che ci dicono: "Questo è l'unico sentiero per casa" ci stanno insegnando la paura; scegliendo di essere senza paura siamo nel vero, siamo perfetti.

Dio è un'energia che pervade tutto: è quindi anche dentro di noi, in ogni singola cellula del nostro corpo. È dentro di noi che esiste la vera chiesa, il tempio che dovremmo visitare ogni giorno, la più grande cattedrale che potremo mai conoscere.

Da questo "spazio" interiore ci è naturale guidare la

nostra vita, invece di essere guidati; da questo luogo accettiamo che il nostro volere ed il volere di Dio abbiano capacità co-creative.

L'inizio del viaggio

Cominciando a viaggiare consciamente scopriamo che la nostra natura interiore è sempre la guida migliore. Aprirci a chi siamo ci collega con il mondo esterno, con l'universo, mostrandoci la complessità, la ricchezza, la potenza dell'energia di cui siamo parte.

Questo fa sì che la Terra non sia più, nella nostra mente, il centro dell'Universo, ci accorgiamo che vi sono miriadi di forme di energia, anch'esse coscienti, sparse dappertutto, provenienti dalla stessa origine, perché vi è più inventiva nella natura che nella nostra immaginazione, perché vediamo più stelle con la coda dell'occhio di quante ne possiamo contare con la mente.

Continuando a viaggiare scopriamo questa ricchezza, questa diversità dell'energia anche sulla Terra e notiamo quanti insegnamenti si possano trarre da tutto quello che accade intorno a noi, nella natura, nelle cose, nelle persone.

Così ascoltiamo quello che dicono i bambini con più attenzione perché vengono da altri luoghi, perché portano dei messaggi, e apprezziamo l'handicappato perché ci fa capire il coraggio della sua scelta.

Tutto questo guardare ed accettare che ogni cosa abbia una ragione d'essere, ci dà armonia e quindi forza: la nostra potenza personale proviene dal vivere in armonia con noi stessi, sapendo che possiamo essere potenti quando scegliamo di essere potenti e mansueti quando scegliamo di essere mansueti.

Vi sono persone che dicono: "Non sarò mai felice fino a quando vi saranno bambini affamati sulla Terra"; che bella scusa per giustificare la nostra debolezza.

Quando raggiungiamo in noi la pace che proviene dall'accettazione di quello che è, allora possiamo veramente contribuire al bene del Pianeta ed aiutare il povero, l'handicappato, il debole, non indotti da un senso di colpa, ma da una posizione di forza.

Dobbiamo dare al povero non per porre rimedio temporaneamente alla sua povertà o ai nostri rimorsi, ma in modo da metterlo in condizione di superare da sé la povertà. E questo perché sentiamo di appartenere alla stessa tribù che avanza tutta assieme, dando al povero ma non troppo, non sempre, perché lui deve imparare da solo la sua indipendenza.

Mantenere il controllo, guidare la propria vita, vuol dire svegliarsi alla realtà (cioè accettare quello che è già), vuol dire anche "scegliere" al ristorante l'ultimo tavolo libero che non ci piace, perché quando il bel tempo è dentro di noi "scegliamo" anche la pioggia.

Scegliere vuole anche dire accettare l'abbondanza che la vita ci dà, che noi scegliamo, e capire che ognuno di noi decide quale ruolo occupare nella vita, dal più umile al più elevato.

Il "lascia tutto e seguimi" cristiano si riferisce alla necessità di tutti di seguire i bisogni evolutivi dell'essere prima di qualsiasi altra cosa, non necessariamente rinunciando a casa, benessere ed affetti.

Un principe può benissimo essere un dono di Dio nello splendore del suo palazzo, ed una benedizione per la sua gente e per il mondo; sicuramente molte persone soffrirebbero, specialmente le più deboli, se questo principe ritenesse giusto entrare in un monastero.

Per crescere, capire, sperimentare la vita abbiamo un tempo infinito, perché il tempo non esiste, esistono solo cicli, periodi, attraverso i quali noi procediamo. E non vi è tempo da perdere, perché il cambiamento avviene secondo quello che scegliamo ora.

Se sapessimo con certezza assoluta di morire esattamente tra sei mesi per un incidente imprevedibile, come vorremmo vivere fino ad allora?

La nostra risposta è il modo in cui vogliamo vivere adesso: lavorando su ciò che è importante, facendo ciò che volevamo fare da tanto e soprattutto osando, espandendo la nostra forza, proiettando chi siamo.

Per tanto tempo abbiamo vissuto seguendo pensieri limitanti, di paura; ma quanto ci siamo inoltrati sull'oceano, con una corda ancorata a terra?

Vivere bene vuol dire avere il coraggio di cambiare quelle situazioni che non ci piacciono, che non ci fanno più crescere: vi è sempre un prezzo per fare qualcosa, ed un prezzo per non farla.

Guardiamo qual è il prezzo più alto e poi prendiamo una decisione, perché ora siamo noi il capitano ed abbiamo slegato la corda dalla riva.

Gli uccelli tracciano molti sentieri nel cielo, l'albero accetta il vento che lo muove e dirama senza timidezza le sue radici nel suolo, l'oceano non controlla la vita delle creature che vivono nelle sue acque: questo è l'atteggiamento naturale. Liberarci dai nostri schemi mentali vuol dire sentirci responsabili della qualità della nostra vita, accettando che la nostra potenza è in ciò che scegliamo di fare qui, adesso.

L'importante è percorrere qualsiasi sentiero scegliamo di tracciare, notando che è appena l'inizio del giorno e che scorgiamo ancora la luce delle stelle.

Dopo lunghe ricerche vicino e lontano, nella terra ed in cielo, finalmente sei tornato, completando il cerchio da dove eri partito. Ritorni al tuo Spirito, e trovi che colui che stavi cercando in tutto il mondo, e per il quale hai pregato in chiese e templi, e che tu hai pensato fosse il mistero di tutti i misteri, avvolto dalle nubi, è te stesso, la realtà della tua vita, corpo e anima.

Questa è la tua vera natura. Mostrala, manifestala. È verità, la sola verità, vera amica e compagna della persona. Segui la verità, segui il sentiero di ciò che è giusto ed anche la più piccola parte del tuo corpo sarà protetta.

Sathya Sai

SUGGERIMENTI

Se avete dei commenti, delle precisazioni per quanto riguarda il contenuto del libro, o dei suggerimenti su nuove tecniche o variazioni delle attuali, o se volete semplicemente farci sapere la vostra opinione, non esitate a scriverci. Ricordatevi che la vostra opinione è importante.

Se volete informazioni su tecniche su cassette o su Seminari di Trasformazione nella vostra zona, o se volete organizzarli, contattate:

RINALDO LAMPIS
Via Veneto, 9 • 56040 Casale Marittimo (PI)
Tel. 0586 653018 • 338 2470540
Fax 0586 653956
e-mail: rilampis@tin.it
www.piramidasia.net

L'AUTORE

Ingegnere e inventore, trainer e scrittore, Rinaldo Lampis studia da anni l'interazione tra l'energia della mente dell'Uomo e il suo ambiente.
Formatosi alla scuola di Alice Bailey e Jan Timmreck, negli ultimi 25 anni ha esplorato lo Zen e Meditazione Trascendentale, lo Yoga e le Arti Marziali, sempre alla ricerca delle complementarità tra le energie razionali e le energie creative dell'Uomo. Si interessa a tutti gli aspetti dell'Uso Cosciente delle Energie: sia che queste abbiano a che fare con lo sviluppo di nuovi motori ecologici (possiede alcuni brevetti in questo campo), sia che interessino l'uso creativo della mente per creare la realtà del singolo individuo o il futuro dell'Uomo.
È il fondatore del Lampis Research Institute, un Istituto di Ricerca che da parecchi anni segue l'evoluzione del pensiero e delle energie della "Nuova Era" in America e in Europa.
L'Istituto diffonde la visione "energetica" dell'Uomo attraverso libri, articoli di stampa, seminari a gruppi e ad aziende. È sua intenzione contribuire al miglioramento del Pianeta, offrendo alla gente l'opportunità di imparare a vivere la vita che desidera vivere.

IL LAMPIS RESEARCH INSTITUTE

Individui, gruppi o centri, ciascuno per la propria competenza, possono far parte della rete, purché condividano con l'Istituto la visione di fondo, cioè la visione dinamica della realtà vista come conseguenza dello scorrere dell'energia.

Le aree in cui l'Istituto è attivo sono:

- **Seminari di Trasformazione (Energy Vision)**
  Esperienze intense e divertenti sull'uso cosciente dell'energia. I seminari guidano l'individuo a capire e utilizzare correttamente i vari livelli di energia esistenti nella persona e nel creato, dandogli la padronanza dei metodi utilizzati per realizzare la vita secondo i propri desideri.
- **Wu Li**
  Tecniche Taoiste di Autoguarigione e Ringiovanimento
  Seminario in cui si insegnano 16 movimenti basati su antiche pratiche tao che permettono l'assorbimento dell'energia universale attraverso i meridiani del corpo. Gli esercizi hanno lo scopo di favorire un funzionamento più efficace degli organi interni. Adatto a persone in età avanzate.
- **Non esistono Malattie Inguaribili**
  Seminario in cui si parla dello squilibrio e della riattivazione dell'energia della persona vista come un corpo-mente inscindibile. Indicato per medici, pazienti e per tutti coloro che vogliono comprendere meglio i meccanismi della malattia ed essere in grado di aiutare concretamente gli ammalati.

- **Seminari Aziendali**
  Seminari per aiutare le aziende ad armonizzare e incanalare le energie del proprio patrimonio umano, per ottenere una maggiore armonia di gruppo, aumentare la produttività e ottenere i risultati prefissati.
- **Ricerca Tecnologica**
  Applicazione pratica delle leggi dell'energia per migliorare la qualità della vita dell'uomo nel rispetto dell'ambiente.
- **Energy Vision Educazione**
  Corsi di perfezionamento per docenti di scuole elementari, medie e superiori. I partecipanti sono portati a sperimentare di persona le più svariate e moderne tecniche dell'uso cosciente della mente e dell'energia, esplorando aspetti importanti per lo studente quali le relazioni interpersonali, la comunicazione, la creatività e l'impegno.
- **Nuova Medicina**
  Supporto e sensibilizzazione di medici e centri medici che operano sull'individuo secondo le leggi dell'energia, aiutandolo a responsabilizzarsi al proprio benessere psico-fisico, anche attraverso l'insegnamento dell'uso cosciente dell'energia e della visualizzazione.
- **Psicoenergia (o Psicoterapia olistica)**
  Supporto e sensibilizzazione di psicologi e psicoterapeuti per promuovere un approccio psicoterapeutico integrato con la persona che stanno trattando. Il trattamento include, quindi, l'aspetto fisico, quello mentale, l'emotivo e lo spirituale.
- **Alimentazione**
  Supporto, divulgazione e uso del principio che il cibo è energia e che noi siamo ciò che mangiamo.
- **Energy Vision Sport**
  Seminari per la preparazione al successo delle squadre sportive le quali, come un'azienda, imparano a lavorare armoniosamente verso l'ottenimento del risultato pre-

fissato: vincere la competizione.

- **Architettura**
  Feng Shui. Uso delle leggi di energia applicate all'ambiente e alle costruzioni.
- **Il Salto Vibrazionale**
  Seminario multisensoriale con pensieri, tecniche e azioni per preparare se stessi e aiutare altri al prossimo Salto Vibrazionale.

Per ulteriori informazioni su Corsi o Seminari, contattate:

Rinaldo Lampis • Via Veneto, 9 • 56040 Casale Marittimo (PI)
Tel. 0586 653018 - 338 2470540 • Fax 0586 653956
e-mail: rilampis@tin.it • www.piramidasia.net

BIBLIOGRAFIA

Brennan, Barbara A. - Mani di luce - Longanesi Editore

Castaneda, Carlos - Una realtà separata - Astrolabio Editore

Meurois-Givaudan, Anne e Daniel - L'altro volto di Gesù - Edizioni Amrita

Pribram, Karl - I linguaggi del cervello - F. Angeli Editore

Riza Psicosomatica - Curarsi con i profumi - Aprile 1990

Bailey, Alice - Trattato del fuoco cosmico - Nuova Era Edizioni

Beaulieu, John - Music and Sound in the Healing Arts - Station Hill Press, Barrytown, N.Y., USA

Berger, K.T. - Zen driving - Ballantine Books, N.Y., USA

Buzan, Tony - Use both sides of your brain - E.P. Dutton, New York, USA

Campbell, Don - The roar of silence - The Theosophical Publishing House, Wheaton, Ill., USA

Cayce, Hugh Lynn - The Edgar Cayce reader - Warner Books, New York, USA

Dyer, Wayne - Your erroneous zones - Avon Books, New York, USA

Emmanuel - The choice for love - Bantam Books, New York, USA

Gawain, Shakti - Creative visualization - Bantam Books, New York, USA

Gerber, Richard - Vibrational medicine - Bear & Company, Santa Fe, New Mexico, USA

Heider, John - The Tao of leadership - Bantam Books, New York, USA

Jampolsky, Gerald - Amare è lasciare andare la paura - Macro Edizioni

Kervran, Louis - Biological trasmutations - Swan House Publishing Co., Binghamton, N.Y., USA

Kilner, W.J. - The Aura - S. Weiser Inc., New York, USA

Krippner, Stanley and Rubin, Daniel - The energies of consciousness - Gordon and Breach, N.Y., USA

LaBerge, Stephen - Lucid dreaming - Ballantine Books, New York, USA

Lazaris - Lazaris interviews, Book II - Concept: Synergy Publishing, Beverly Hills, California, USA

Leadbeater, C.W. - I Chakra - Edizioni Società Teosofica Italiana

Murphet, H. - Sai Baba - S. Weiser, Inc., N.Y., USA

Nickell, M. - Healing the whole person - The whole planet behiond words Publishing, Hillsboro, Or., USA

Paramahansa Yogananda - Autobiografia di uno Yogi - Edizioni Astrolabio

Robbins, A. - Unlimited power - Fawcett Columbine, New York, USA

Tompkins, Peter and Bird, Christopher - The secret life of plants harper & row, New York, USA

INDICE DELLE TECNICHE

INDICE

MUDRA, I GESTI DELL'ENERGIA
di Philippe Vincent.
120 pp.

Nelle dita delle mani arrivano i meridiani energetici del corpo, descritti e usati in agopuntura, sicché con le posizioni delle mani è possibile agire su determinati aspetti fisici o emotivi. La tradizione dei *mudra* ha origine nell'India antica, e costituisce una via di equilibrio come il *Tai Chi Chuan* e il *Chi Kung*.

Lungo il filo della giornata, avremo il Mudra per **svegliarci bene** e **metterci in forma**, quello per favorire la **concentrazione**, la **digestione**, il **sonno** e così via. **Semplice**, **veloce** e **discreto**, il mudra ci rimette in sesto: diventa la pausa ideale più volte al giorno... al posto del caffé!

Philippe Vincent ha praticato per molti anni Aikido e Judo, e insegna Tai Chi Chuan, integrato con i mudra.

L'ENERGIA NASCOSTA DELLA TERRA
di Serge Kahili King.
288 pp.

Oltre all'elettricità, al magnetismo, alla gravità e al nucleare, esistono forze ancora poco conosciute (o forse dimenticate) chiamate *psico-energetiche*, il cui uso sapiente nell'antichità ci è suggerito dalla presenza, nell'archeologia, di manufatti incsplicabili. L'Autore ne dà, qui, un resoconto che ha dell'incredibile. Ma ciò che rende unico in sé questo testo, è che ci offre la possibilità pratica di toccare con mano queste energie, a casa nostra, con materiali comunissimi.

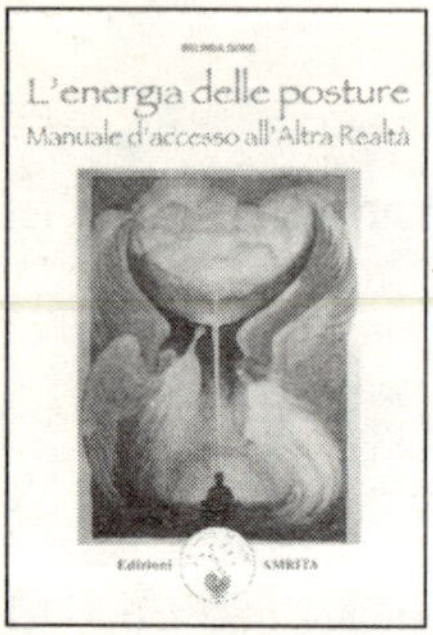

L'ENERGIA DELLE POSTURE. MANUALE D'ACCESSO ALL'ALTRA REALTÀ
di Belinda Gore.
280 pp.
L'Autrice, dopo aver condotto la sua sperimentazione in ambito universitario, ci comunica la scoperta a cui ha partecipato: la postura assunta dal corpo "modella" in qualche modo l'esperienza estatica di chi l'assume.
Ci sono gesti antichi che l'uomo ha codificato fin dalla preistoria e che ha inciso nelle grotte (luoghi d'iniziazione) o sui dirupi, o ha modellato nella terracotta: l'Autrice ci insegna come essi siano altrettante chiavi d'accesso per stati alterati di coscienza, ossia porte aperte per entrare in un'Altra Realtà.
CONSIGLIATO A CHIUNQUE DESIDERI CAPIRE E SPERIMENTARE I MECCANISMI CHE CONSENTONO LE ESPERIENZE DI MEDITAZIONE, ESTASI, E VIAGGIO SCIAMANICO.

VIVATION": L'ABILITÀ DI ESSERE FELICI
di Jim Leonard.
140 pp.
Jim Leonard è nato nel 1955 a San Bernardino, California. La sua ricerca, iniziata molto precocemente e tuttora in corso, verte sui metodi di sviluppo della persona a partire dall'Hathayoga, e approda, nel 1979, allo sviluppo del metodo *Vivation*, con lo scopo di ricercare la pratica della felicità.
Nel 1980 è stato ordinato Healing Minister della Chiesa Ortodossa Orientale (Rito Malabar) e comandato dal Vescovo Harold Freeman ad insegnare *Vivation* in tutto il mondo in obbedienza alla sua missione. Fino ad oggi ha personalmente condotto più di venticinquemila sessioni in venti Paesi, fra cui l'Italia, una delle sue mete preferite, dove tiene seminari di addestramento professionale di *Vivation*.
Vivation **è un metodo di respirazione e consapevolezza** (autocoscienza) **per l'armonizzazione del proprio io dal di dentro**, e centinaia di migliaia di persone in tutto il mondo se ne sono servite per integrare le proprie sensazioni, aumentare l'autostima, migliorare i rapporti, migliorare le condizioni economiche, sviluppare la creatività, lenire il dolore fisico, risolvere i problemi e diventare più felici di quanto si ritenga possibile.

VISUALIZZAZIONE TERAPEUTICA.
BELLI IN SETTE GIORNI VISUALIZZANDO LA LUCE
di John Pepper.
140 pp.
La vera bellezza, quella salutare, non viene né dai cosmetici né dalla dieta o da altre trovate **viene dal rendere più bella la nostra vita e il mondo circostante**.
Questa è una guida pratica per illuminare la vita dal di dentro, in modo che si veda dal di fuori: **un programma di meditazione e guarigione per sette giorni**, corredato di affascinanti spiegazioni scientifiche e mediche sul potere di trasformazione che è latente in tutti noi.
Un libro amico, che ci conduce a sentire e vedere la presenza di quella luce in grado di rendere belli e di guarire noi stessi e, in definitiva, anche gli altri.
I 7 GIORNI RAPPRESENTANO IN REALTÁ 7 TAPPE, DALLA VISUALIZZAZIONE PIÙ SEMPLICE A QUELLA PIÙ COMPLESSA.

LO YOGA DELL'ENERGIA SESSUALE
di Elisabeth Haich.
200 pp.
Dall'Autrice del famoso ***Iniziazione: memorie di un'Egizia***, un altro grande successo editoriale che descrive la trasmutazione delle energie fisiche, emotive, mentali e psichiche solitamente disperse nell'attività sessuale. Questa trasmutazione è, tradizionalmente, una via di unione con il Sé superiore: *«La trasformazione dell'energia sessuale in un'energia creatrice, divina, spirituale è la resurrezione dalla morte alla vita eterna»*.
Sono sette - precisa inoltre l'Autrice - le energie che possiamo imparare ad imbrigliare in modo da raggiungere la meta nel più breve tempo possibile.
In un periodo in cui il crollo dei tabù sessuali lascia un'intera cultura senza riferimenti, dando luogo ad ogni tipo di comportamento, questo libro è un faro che permette di prendere coscienza di quanto fin qui i pregiudizi culturali dell'Occidente ci hanno impedito di conoscere ed esplorare.

ALTRI TITOLI DEL NOSTRO CATALOGO:

nella collana delle opere di Anne e Daniel MEUROIS-GIVAUDAN:
- L'ALTRO VOLTO DI GESÙ (Memorie di un Esseno - vol. I), di A. e D. Meurois-Givaudan
- LE STRADE DI UN TEMPO (Memorie di un Esseno - vol. II), di A. e D. Meurois-Givaudan
- LE VESTI DI LUCE: leggere l'aura e curare per mezzo dell'amore, di A. e D. Meurois-Givaudan
- TERRA DI SMERALDO: testimonianze dall'Oltrecorpo, di A. e D. Meurois-Givaudan
- RACCONTI D'UN VIAGGIATORE ASTRALE, di A. e D. Meurois-Givaudan
- VIAGGIO A SHAMBHALLA, di A. e D. Meurois-Givaudan
- L'INCONTRO CON LUI, di A. e D. Meurois-Givaudan
- I NOVE SCALINI: cronaca di una reincarnazione, di A. e D. Meurois-Givaudan
- WESAK: il tempo della Riconciliazione, di A e D. Meurois-Givaudan
- CRONACA DI UNA DISINCARNAZIONE: come aiutare chi ci lascia, di A. e D. Meurois-Givaudan
- DI LUCE IN LUCE: un anno di cammino con te, di A. e D. Meurois-Givaudan
- IL POPOLO DEGLI ANIMA-LI, di A. e D. Meurois-Givaudan
- ESSERE & AGIRE, di A. e D Meurois-Givaudan
- DALLA SOTTOMISSIONE ALLA LIBERTÀ (vol. I), di A. e D. Meurois-Givaudan
- … DOPO L'11 SETTEMBRE: DALLA SOTTOMISSIONE ALLA LIBERTÀ (vol. II), di A Givaudan
- ANTICHE TERAPIE ESSENE E LETTURA DELL'AURA, di A. Givaudan
- ALLEANZA, di A. Givaudan
- WALK-IN: UOMINI CHE CAMBIANO CORPO, di A. Givaudan
- FORME PENSIERO: riconoscerle, scoprire la loro influenza sulla nostra vita, di A. Givaudan
- AKHENATON, IL FOLLE DI DIO, di D. Meurois-Givaudan
- MALATTIE KARMICHE: riconoscerle, comprenderle, superarle, di D. Meurois-Givaudan
- IL VANGELO DI MARIA MADDALENA Restituito dal Libro del Tempo, di D. Meurois-Givaudan
- L'ERA DELLA COLOMBA: gli insegnamenti per 2000 anni dopo, di D. Meurois-Givaudan
- CONVERSAZIONI CON LORO, di D. Meurois-Givaudan
- ANIME INDESIDERATE, di D. Meurois-Givaudan
- COSÌ CURAVANO. Dagli Egizi aglmi Esseni: comprendere e praticare, di D. Meurois-Givaudan

nella collana I DEVA:
- IL RITORNO DEL POPOLO ALATO. Il libro degli Angeli, di Ken Carey
- ANGELI & UOMINI, CO-CREATORI: cooperare con gli Angeli, a cura di M. Parisen
- I CUSTODI DELLA SPERANZA: 60 esercizi per comunicare con gli angeli, di T. L. Taylor
- MESSAGGERI DI LUCE: come includere gli angeli nella tua vita, di T. L. Taylor
- PAROLA DI FATA. Come entrare nel mondo delle fate e farsele amiche, di C. Nahmad

nella collana SAGGEZZA:

dedicata alla Saggezza Buddhista:
- SAGGEZZA: come far buon uso delle religioni, di Anagarika Silananda
- MEDITAZIONE: cos'è e come praticarla, di Sogyal Rinpoche
- MO: divinazione tibetana, di Lama Mipham

- LA VIA DI DIAMANTE: tre anni con i Buddha del tetto del mondo, di Lama Ole Nydahl
- COME TRASFORMARE LE EMOZIONI NEGATIVE, di Lama Guendune Rinpoche
- MAESTRO E DISCEPOLO, di Lama Guendune Rinpoche
- IL CANTO DELLE NUVOLE: lo zen e l'arte della psicosintesi, di Matteo Iotti
- A... COME BUDDHA!, di Lama Jigmela Rinpoche
- PASSAGGIO TRA DUE VITE, di Lama Jigmela Rinpoche
- COME APRIRE LA MENTE, COME APRIRE IL CUORE, di Tenzing Gyatso, XIV Dalai Lama
- DZOGCHEN.L'ESSENZA DEL CUORE DELLA GRANDE PERFEZIONE, di Sua Santità il Dalai Lama
- INTREPIDA COMPASSIONE. L'allenamento interiore in 7 punti, secondo Atisha, di Dilgo Khyentse Rinpoche
- PADMASAMBHAVA: IL BUDDHA DEI TESORI NASCOSTI, di Philippe Cornu
- LA VIA DEL BUDDHA NELLA TRADIZIONE TIBETANA, di Kyabje Kalu Rinpoche

dedicata alla Saggezza Amerindiana:
- IL MONDO È CIÒ CHE SOGNI, di John Perkins
- SHAPESHIFTING: IL MUTA-FORMA, di John Perkins
- MITAKUYE OYASIN: "tutto è correlato", di A. C. Ross (Ehanamani)
- IL DONO DEL POTERE. Vita e insegnamenti di un uomo-medicina Lakota, di Archie Fire Lame Deer
- INIZIAZIONE ALL'ARTE DELL'UOMO-MEDICINA, di Medicine Grizzlybear Lake
- LA MEDICINA DELLA TERRA. Conoscere se stessi con l'astrologia dei Nativi Americani, di Kenneth Meadows
- SPERIMENTARE LO SCIAMANESIMO, di Kenneth Meadows
- IL POPOLO DEGLI UOMINI: gli Indiani del Nord America, di D. Buffarini
- LE CARTE-MEDICINA: carte sciamaniche di guarigione, di J. Sams e D. Carson
- I TOLTECHI DEL NUOVO MILLENNIO, di Victor Sanchez
- IL SENTIERO DELL'INCA, di Chamalù (Luis Espinoza)

dedicata alla Saggezza dell'Islam:
- SUFI: OLTRE L'ULTIMA BARRIERA, di Reshad T. Feild
- SUFI: LA STRADA INVISIBILE, di Reshad T. Feild
- NATI PER GUARIRE, di Reshad T. Feild
- SUFI: LA PRESENZA QUI ED ORA. Contatto con l'infinito, di K.E. Helminski

dedicata alla Saggezza dell'Antichità:
- INIZIAZIONE: memorie di un'Egizia, di Elisabeth Haich

dedicata alla Saggezza dell'Occidente:
- IL DIALOGO DELLE VOCI. Conoscere ed integrare i nostri sé nascosti, di Hal Stone e Sidra Winkelman
- GUARISCI IL TUO KARMA, di Rick Phillips
- MANUALE DI SOPRAVVIVENZA PER AVVENTURIERI DELLO SPIRITO, di M. Murray

dedicata alla Saggezza Aborigena:
- LE SCIAMANE DEL TEMPO-DI-SOGNO: i poteri ancestrali delle Aborigene australiane, di Parker e Lambert

dedicata alla Saggezza Giudaico-Cristiana:
- Q, IL 1° VANGELO. I detti originali di Gesù, a cura di Marcus Borg
- IL VANGELO DI TOMMASO E COME FU SCOPERTO, a cura di Dart, Riegert e Crossan

dedicata alla Saggezza Celtica:
- IL DRUIDO DELLE CHIOCCIOLE, di Henri Vincenot

- GUARIRE CON IL GRAAL, di John Matthews
- QUANDO BABBO NATALE ERA UNO SCIAMANO, di Tony van Renterghem

nella collana L'UOMO E IL CIELO:
- ASTROLOGIA: via e saggezza, di Goswami Kriyananda
- MEDITAZIONI ZODIACALI, di Johfra
- LE 12 PORTE DELLO ZODIACO: LA VIA INIZIATICA DI ULISSE, di S. Santi

nella collana I GRANDI PRECURSORI:
- SHAMBHALA, la risplendente, di Nicholas Roerich - in due volumi
- IL CUORE DELL'ASIA, di Nicholas Roerich
- SULLE TRACCE DI GESÙ L'ESSENO. Le fonti storiche buddhiste, islamiche, sanscrite e apocrife, del prof. Fida M. Hassnain
- LA VITA SCONOSCIUTA DI GESÙ. Il testo originale del 1894, con manoscritto tibetano che Notovich rinvenne ad Hemis, di Nicholas Notovich
- 14 RIFLESSI SUL LAGO DELLE VISIONI: storia dei Dalai Lama, di R. Barraux
- LUCI DELLA GRANDE LOGGIA BIANCA, di Michel Coquet

nella collana RACCONTI INIZIATICI:
- USA CIÒ CHE SEI, di Fun-Chang
- I SAGGI DALLA VESTE COLOR PRUGNA, di Fun-Chang
- QUANDO SAI CAMMINARE SULL'ACQUA, PRENDI LA BARCA!, di J. Harricharan

nella collana FINDHORN:
- LE PORTE INTERIORI, di Eileen Caddy
- IL MIO VOLO VERSO LA LIBERTÀ, di Eileen Caddy
- UN LIBRO PER 100 AMICI: dove trovare la felicità, vol. I, di Eileen Caddy, in coedizione con gli Editori in Sintonia

nella collana BEN-ESSERE:
- AIDS: ROGER È GUARITO, del dott. Bob Owen
- LA TUA PERFETTA MEDICINA. Il miracolo che la Scienza non ci aveva rivelato, di Martha M. Christy
- LA CICCIA NON HA NIENTE A CHE FARE COL CIBO. Un manuale per gli adepti della dieta yo-yo, di Sabrina TerHeun
- LA MAFIA DELLA SANITÀ: come liberarsene e ritrovare salute e benessere, della dott.sa Guylaine Lanctôt, in coedizione con Macro Edizioni
- DI CANCRO SI GUARISCE. Le insospettate risorse dell'essere umano, di L. Renard
- ASCOLTA IL TUO CORPO, IL TUO MIGLIORE AMICO SULLA TERRA, di Lise Bourbeau
- CHI SEI? Te lo svelano la forma del tuo corpo, il cibo che preferisci, la tua casa, la tua salute, il modo in cui parli..., di Lise Bourbeau
- LE 5 FERITE E COME GUARIRLE: rifiuto, abbandono, ingiustizia, umiliazione, tradimento, di Lise Bourbeau
- RESPONSABILITÀ, IMPEGNO & SENSI DI COLPA, di Lise Bourbeau
- LIBERARSI DA PAURE E CREDENZE NEGATIVE, di Lise Bourbeau
- EMOZIONI, SENTIMENTI, PERDONO, di Lise Bourbeau
- SENSUALITÀ 1 SESSUALITÀEMOZIONI, di Lise Bourbeau
- METAMEDICINA: OGNI SINTOMO È UN MESSAGGIO. La guarigione a portata di mano, di Claudia Rainville
- PAU D'ARCO (TABEBUIA): la pianta-farmacia dell'Amazzonia, di Kenneth Jones
- AROMATERAPIA PER ANIMALI, di Nelly Grosjean

- L'ERBARIO DEI GATTI, di Claire Nahmad
- MANGIAMOCI SU, di Marco Columbro con la collaborazione scientifica di SMA s.r.l.
- RIPROGRAMMARE L'INCONSCIO, di Paul Liekens
- LA RISPOSTA NON È NEL FRIGO! Corpo ideale senza diete, con Vivation®, di Patricia Bacall
- LA MEDICINA SOTTOSOPRA. E se Hamer avesse ragione?, di Giorgio Mambretti e Jean Séraphin
- QUANDO LA MUSICA GUARISCE, di Fabien Maman
- I BAMBINI PRENDONO TUTTO ALLA LETTERA. Come sviluppare la loro autostima, di Jennifer Day
- PREFERISCO VEDERCI CHIARO... e riuscirci senza lenti, di Loredana de Michelis
- AROMATERAPIA, NATURALMENTE!, di Nelly Grosjean
- IL GRUPPO SANGUIGNO CI SVELA CHI SIAMO, del Dott. Bernard Montain
- OTTURAZIONI O VELENI, soluzioni, verità, del Dott. Bernard Montain
- MALOCCLUSIONE, sorrisi pericolosi, del Dott. Bernard Montain
- ACUFENE: SIBILI E RONZII NELLE ORECCHIE, riconoscerli e guarirli, del Dott. Bernard Montain

nella collana PROSPERITÀ:
- LE 7 LEGGI DEL DENARO: SE LO CONOSCI... NON TI EVITA! di M. Phillips
- IL DENARO E L'ABBONDANZA, di Lise Bourbeau

nella collana OLTRE LA VITA:
- ACCOMPAGNARLI VERSO LA LUCE, di Petia Prime
- CANTO DI COMMIATO, di Lise Thouin

nella collana LA SVEGLIA:
- I POLLI PREFERISCONO LE GABBIE, di Armand Farrachi

nella collana I LIBRINCARTE:
- I DIAVOLETTI. Come accedere al nostro "lato oscuro" e trasformarlo, di Robert Warstone e Simon Buckstone
- I MESSAGGI DELL'UNIVERSO: un gioco di carte per andare oltre la mente
- LE 108 MEDITAZIONI DI FINDHORN, di Eileen Caddy
- LE CHIAVI DELLE FATE, di Gabriella Delfante
- TRASFORM-AZIONE, di Beppe Viello e Karma Cho Drön
- DARE È RICEVERE. Piccola guida per guarire i rapporti e raggiungere la felicità, di G. Jampolsky, in coedizione con gli Editori in Sintonia
- LE CARTE DELLO YOGA. Mente chiara, cuore aperto, di Celia Hawe
- ORACOLI ANGELICI, di Sulamith Wülfing
- ORACOLO DELLE ANIME GEMELLE, di Sulamith Wülfing
- ASCOLTA IL TUO CORPO: il gioco di carte, di Lise Bourbeau

nella collana GLI SPIEGHEVOLI:
- CHAKRA, E..., di Alberto Giacomini
- MAPPE RIFLESSOLOGICHE DELLE MANI E DEI PIEDI, di A. Giacomini
- REIKI: trattamento di base, di Silvia Pepe

AMRITA VIDEO:
- SWAMI PREMANANDA, la gioia di amare, di A. e D. Meurois-Givaudan
- COME AIUTARE CHI CI LASCIA, di A. e D. Meurois-Givaudan e Altrementi
- LETTURA DELL'AURA: conoscersi meglio e conservarsi in salute, di Anne e Daniel Meurois-Givaudan e Altrementi

Latte Rosmar 11,80
olio arnica 17,50
Scir mirtillo 9
Coldcream 9
Idratante Iris 9,80
Riso mandorle 11,50
Shampo Rosm 9,60
Baby Calendula 8,40
Corpo " 8,40
Fluido malva 11,50

1ª edizione: febbraio 1993
Composizione: Tiziana Bertolero - Giaveno (Torino)
Stampa: Litopres s.n.c. - Druento (Torino)

RISTAMPA	ANNO
15 16 17	04 05 06 07 08